ROM

R. A. STACCIOLI

EINST UND JETZT

MIT REKONSTRUKTIONEN

ROM EINST UND JETZT

REGISTER

Text von Romolo Augusto Staccioli
Zeichnungen und
Rekonstruktionen: (Vision S.r.l.) T. D'este
Graphische Gestaltung: Doppiavù studio
Photographien: Vision, Spazio Visivo, Federico Schneider

1. Ausgabe 1959
Neue Ausgabe 2017

VISION ROMA
PAST & PRESENT

Vision S.r.l. – Viale XXI Aprile 29 – 00162 Roma
Tel/Fax (+39) 0644292688

E-mail: info@visionpubl.com
www.visionpubl.com

Druck: Grafica Metelliana (SA)
PVC: Artion - Soulakos Graphic Arts S.A.

Das Monumentale Rom

Von der Hüttensiedlung auf dem Palatin zur kosmopolitischen Metropole an den Ufern des Tibers

Die in den felsigen Untergrund des palatinischen Hügels eingeschnittenen Fußböden von zwei oder drei Hütten und ein Friedhof mit ärmlichen in die Erde eingetieften Gräbern am Rande des Forum Romanum sind die ältesten heute noch sichtbaren «Denkmäler» dessen, was dann zur Urbe, der Stadt schlechthin, geworden ist. Die Siedlung auf dem Palatin, die Insel und die Furt kontrollierte und sich auch unmittelbar über dem gerade dort auf dem linken Ufer des Flusses entstandenen sehr alten Markt befand, bildete den Kern, um den sich zwischen dem 8. und 7. Jahrhundert v. Chr. die anderen Niederlassungen gruppierten. Dies führte zu einer Anhäufung von Wohnstätten, aus der dann die eigentliche Stadt hervorgehen sollte. Sie war gewiß schon im 6. Jahrhundert v. Chr. zur Wirklichkeit geworden. Von einem Mauerring umzogen und geschützt von einer befestigten Burg auf dem Kapitol, besaß sie einen Flußhafen am Tiber und ein Zentrum für das wirtschaftliche und politische Leben auf dem Forum sowie öffentliche Gebäude und Heiligtümer, vor allen anderen den Tempel des Jupiter Capitolinus. Im folgenden Jahrhundert wurde auch der Aventin in die Stadt einbezogen. Nach den Zerstörungen, die der plötzliche Galliereinfall verursacht hatte, umschloß in der ersten Hälfte des 4. Jahrhunderts der neue Mauerring einen städtischen Organismus, der sich schon über eine Fläche von mehr als 400 Hektar ausbreitete.

Ansicht der Nordhänge des Palatins: Gebäude und Läden aus der Zeit Neros und Arkaden der Domus Tiberiana.

Zwischen dem 2. und dem 1. Jahrhundert v.Chr. werden nämlich nach den Schemata und Vorbildern der großen Städte des griechischen Orients neue oder vollständig erneuerte «Viertel» geschaffen. Architektonische Lösungen wie die öffentlichen Portiken wurden aus Griechenland übernommen, aber daneben entwickelten sich auch ganz neue Formen wie die forensische Basilika. Die rationale Übernahme und systematische Verwendung von Bogen und Gewölbe nahmen ihren Anfang, was zusammen mit der Technik des op. caementicium die Verwirklichung größerer und funktionstüchtigerer Gebäude ermöglichte wie südlich vom Aventin das neue Hafenviertel des Emporiums, dann zwischen 179 und 142 v.Chr. die erste steinerne Brücke über den Tiber, den Pons Aemilius. Gleichfalls im 2. Jahrhundert begann mit der Errichtung großer Portiken und Tempel die Erschließung des Marsfeldes, das im folgenden Jahrhundert mit den Portiken und dem Theater des Pompejus zu derjenigen Zone wird, nach der die Stoßrichtung der sich ausdehnenden Stadt zielt. Im 1. Jahrhundert v.Chr. wird die städtebauliche Tätigkeit von Sulla über Pompejus bis zu Caesar zu einem genau geplanten politischen Programm der Stadtlenker.

↑ Fragment der *Forma Urbis*: Ein auf Marmorplatten gravierter Stadtplan von Rom aus der Zeit des Kaisers Septimius Severus: Detail mit der Darstellung des Pompejus-Theaters.

Den Tod Caesars überlebte von den großen Bauprojekten nur das neue Forum, was den Auftakt zur Entstehung des Monumentalkomplexes der Kaiserforen bildete. Caesars Nachfolger Augustus ließ zahlreiche unvollendet gebliebene Bauten (wie die Basilika Iulia und das Marcellustheater, die Curia) fertigstellen und ein anderes Forum bauen. Vor allem ließ er auf dem Marsfeld verstreut und darin von seinen Mitarbeitern (vor allen anderen Agrippa) unterstützt, öffent-

liche und private Gebäude errichten: vom Theater des Balbus zum Amphitheater des Statilius Taurus, von den Thermen Agrippas zum ersten Pantheon, vom Friedensaltar zur Sonnenuhr, bis hin zu dem grandiosen Mausoleum der kaiserlichen Familie. Derselbe Augustus sollte, indem er auf dem Palatin Wohnung nahm, bestimmend für die Umgestaltung des Hügels in eine einzige großartige kaiserliche Residenz wirken.

Nach der fürchterlichen Feuersbrunst des Jahres 64, während Nero mit der Verwirklichung der «Domus Aurea» beschäftigt war, die große Teile des Stadtzentrums in eine herrliche Villa verwandelte, nahm ein organisch besser durchdachtes Wiederaufbauprogramm seinen Anfang, das aber erst gegen Ende des Jahrhunderts mit der intensiven Bautätigkeit Domitians als beendet angesehen werden konnte und nach dem Vespasian und Titus das Bauwerk errichteten, das zum Wahrzeichen Roms werden sollte: das flavische Amphitheater oder Kolosseum.

Die größte Ausdehnung und intensivste Bautätigkeit der Stadt fallen in das 2. Jahrhundert n.Chr.

Die Ara Pacis, dem Kaiser Augustus vom Römischen Senat auf dem Marsfeld geweiht, um an die militärischen Siege des Imperators in Spanien und Gallien sowie die Befriedung des Römischen Reiches zu erinnern (13-9 v.Chr.).

Detail einer Marmorplatter der Ara Pacis: Die Göttin *Tellus* zwischen den *Aurae*, Personifikationen der milden, das Wachstum fördernden Winde zu Lande (links) und über dem Meer (rechts).

Aus dieser Zeit stammt das letzte und größte der Kaiserforen, eine neue Thermenanlage, weitere Tempel (darunter der den Göttinnen Venus und Roma geweihte), das neue Pantheon sowie das Mausoleum Hadrians weiter flußabwärts am Tiber und die beiden spektakulären spiralförmigen figurenbedeckten Säulen. In der Privatarchitektur verbreiten sich die mehrstöckigen Häuser (insulae), die auch wirkliche, organisch konzipierte «Stadtviertel» bilden.
Im 3. Jahrhundert trotz des großen Bauprojekts der eindrucksvollen Caracallathermen verlangsamt sich die Bautätigkeit. Im Jahr 275 ließ Aurelian unter der schweren Bedrohung der Barbaren an den Grenzen des Reiches die Stadt Rom mit einem neuen Mauerring umziehen, welches die größte, reichste und monumentalste Stadt, die der Erdboden je getragen hatte, eingrenzte.
Die Bautätigkeit hörte jedoch nicht ganz auf. Mit den Diokletiansthermen und der 312 von Konstantin eingeweihten Basilika des Maxentius wurden zwei weitere aufsehenerregende Kapitel der nunmehr schon über ein Jahrtausend alten römischen Architektur hinzugefügt. Nur drei Jahre später, 315, entstand der vom Senat zu Ehren Konstantins errichtete Bogen unter Wiederverwendung von Teilen aus älteren Denkmälern, was als ein Zeichen dafür zu werten ist, daß jetzt eine ganze Epoche dem Untergang zustrebte. Als derselbe Kaiser dann eine neue Hauptstadt am Ufer des Bosporus schuf, die als «Nova Roma» am 11. Mai des Jahres 330 eingeweiht wurde, konnte diejenige Phase der Stadtplanung und Bautätigkeit der Urbe, die wir mit «antik» bezeichnen, als abgeschlossen gelten.

Model eines Wohnhauses (*insula*) (Rom, Museo della Civiltà Romana).

Gesamtansicht der Via dei Fori Imperiali und des Kolosseums. ↑

ROM
DAS KOLOSSEUM ...

In der Mitte des Tals zwischen dem Palatin, dem Caelius und dem Esquilin, wo der künstliche See der Domus Aurea Neros lag, erhebt sich das **Kolosseum** oder richtiger, das flavische Amphitheater. Von seinen Ausmaßen berichten eindringlich die Zahlen: der äußere Umgang hat eine Höhe von fast 50 Metern, die größte Längsachse der Ellipse ist 188, die kleinere 156 Meter lang; verbaut wurden mehr als 100.000 Kubikmeter Travertin und 300 Tonnen Eisen für die Klammern, welche die Blöcke zusammenhielten. Kurz nach 70 n. Chr. von Vespasian begonnen, wurde das Amphitheater im Jahr 80 von Titus eingeweiht mit einer Reihe von Zeremonien und Vorführungen, die hundert Tage andauerten, in denen fünftausend Raubtiere getötet wurden.

Die 80 Arkaden im Erdgeschoß waren fortlaufend numeriert (die Nummern stimmten mit denen auf den «Einlaßkarten» der Besucher überein) und führten in einen doppelten Umgang, von dem man direkt oder durch innere Korridore zu den Treppenaufgängen kam, die durch 160 Öffnungen (*vomitoria*) zu den von Arkaden und Strebebögen getragenen Sitzreihen führten.

(→ Neben dem Amphitheater erhob sich der **Koloß des Nero**, eine gigantische, über 35 m hohe Statue aus vergoldeter Bronze, ein Werk des Griechen Zainodoros, die den Kaiser darstellte.
Nach seinem Tode erhielt sie das Aussehen des Sonnengottes.
Im Innern des Kolosseums befand sich die 76 x 46 m große Arena, deren Boden aus Holzplanken bestand, die mit Sand bestreut waren. Die in drei Ränge eingeteilten Sitzreihen wurden von einer «Logenreihe» bekrönt, die einen vierten Rang mit hölzernen Stufen und Stehplätzen bildete. Jeder Sektor der Sitzreihen war einer besonderen Gruppe von Bürgern bei freiem Eintritt vorbehalten.
Mit Stehplätzen hatte das Amphitheater eine Fassungskraft von etwa 70.000 Personen, die den Gladiatorenkämpfen und den Tierhetzen sowie kleineren Vorführungen zusahen.
Vor den unbarmherzigen Sonnenstrahlen waren die Zuschauer durch ein enormes *«velarium»* geschützt, das von einer besonders dazu abkommandierten Abteilung von Seesoldaten bewegt wurde, die zu der in Misenum im Golf von Neapel stationierten Kriegsflotte gehörten.
Für die Dauer der Darbietungen wurde an der Arena entlang ein hohes robustes Metallnetz gespannt, das von Pfosten getragen war. Auf deren Spitzen befanden sich Stoßzähne von Elefanten, die als abwehrende Zacken dienten und oben

Münze aus neronischer Zeit ↑
mit dem Porträt des Kaisers.

Außenansicht des Kolosseums, →
Rekonstruktion.

mit Elfenbeinrollen versehen waren, die den Raubtieren das Festhalten unmöglich machten, wenn sie versuchen sollten, das Netz zu überspringen.
Als zusätzliche Sicherheit standen zahlreiche Bogenschützen in den Nischen im Podium zu Füßen der Sitzreihen. Die letzte uns bekannte Vorführung fand 523 unter dem Gotenkönig Theoderich statt.
Sie beschränkte sich aber auf Tierhetzen, da die Gladiatorenkämpfe schon kurz nach 438, vier Jahrzehnte vor dem Ende des Westreiches, abgeschafft worden waren.

← Helm eines Gladiators, aus Pompeji (Neapel, Nationalmuseum).

Das Innere des Kolosseums, → Rekonstruktion der Cavea und der Arena.

Diese Vorführung von 523 war mit größter Sicherheit die absolut letzte einer ununterbrochen andauernden Reihe in einem beinahe viereinhalb Jahrhunderte umfassenden Zeitraum. Unter der Arena des Kolosseums erstreckte sich ein komplexes System von Räumlichkeiten, die wohl unter Domitian erbaut wurden, als man im Amphitheater keine «Seeschlachten» mehr veranstaltete. In diesen unterirdischen Gelassen wurde alles für die Spiele Notwendige vorbereitet.
Vor allem bei den Tierhetzen war es üblich, ausgesuchte und bühnenwirksame Kulissen anzufertigen, was bis zur künstlichen Herstellung von Hügeln, Wäldchen und kleinen Seen ging. Für Männer und Tiere hatte man wirkliche «Fahrstühle» ersonnen, die gleichfalls mittels Kontergewichten auf – und niederfuhren. Die Raubtiere wurden von den «Wärtern» in Korridore gedrängt, wo sie in Käfige eintraten, die sich in eigens dafür bestimmten Gelassen befanden.

DAS KOLOSSEUM:

UNTERIRDISCHE RÄUMLICHKEITEN DES KOLOSSEUMS

1. Spielfläche
2. *Balteus*
3. Hölzerne Rampe für den Durchgang der Tiere
4. Cavea und Sitzreihen
5. Oberlicht
6. Bedienung der Aufzüge für die Tiere
7. Unterirdisches Niveau

(→ Daneben arbeitete der jeweils von einem oder mehreren Männern bediente Mechanismus, der jeden Käfig auf ein höheres Niveau beförderte. Dort öffnete er sich und die Tiere betraten einen Laufsteg, der mit einer Rampe verbunden war, die zu Luken im Arenaboden führte.

ROMA

Wenn der Deckel dieser Luken sich hob, traten die Raubtiere ins Freie und waren für die Vorführung bereit. Es ist bekannt, daß mit diesem System bei einer bestimmten Gelegenheit hundert Löwen gleichzeitig in die Arena gebracht wurden, deren gemeinsames Brüllen die grölende Menge vor Entsetzen verstummen ließ. Die Gladiatoren konnten die Arena direkt von ihrer «Hauptkaserne» aus, die sich beim Kolosseum befand, durch eine Unterführung betreten.

Relief mit der Darstellung von Gladiatorenkämpfen (Chieti, Grabmonument des C. Lusius Storax).

DER PLATZ VOR DEM KOLOSSEUM

→ Von dem riesigen Baukörper des Amphitheaters beherrscht, erreichte **der Platz vor dem Kolosseum** sein endgültiges monumentales Aussehen, das sich im wesentlichen bis in unsere Tage erhalten hat, mit dem Bau des **Tempels der Venus und der Roma.** Dem Willen des Kaisers Hadrian entsprechend und vielleicht auch von ihm selbst geplant, wurde der Tempel der göttlichen «Stammutter» Roms und der Stadt selbst, der Herrin der Welt, im Jahr 135 n.Chr. geweiht. Nach einem Brand ließ ihn Maxentius um 310 wiedererbauen.

← Der Konstantinsbogen.

Rekonstruktion des Platzes vor dem → Kolosseum, in der Mitte die *Meta Sudans*, rechts der Koloss des Nero, im Hintergrund der Tempel von Venus und Roma.

Mit seinen zwei Cellen, deren Apsiden rückwärts aneinanderstießen, erhob sich der Tempel im Mittelpunkt einer großen Terrasse auf der Velia, die an zwei Seiten von Portiken umzogen war. Dieser Hügel erstreckte sich damals vom Palatin bis jenseits der heutigen Via dei Fori Imperiali zum Esquilin.

Kolossalkopf des Kaisers Konstantin (Rom, Kapitolinische Museen).

Für den Tempelbau mußte abgerissen werden, was noch von dem «Vestibül» der Domus Aurea übrig war. Um den dort befindlichen **Koloß des Nero** zu versetzen, waren 24 Elefanten nötig, die man zu Paaren zusammengespannt hatte. Am Anfang der «Via Sacra», die bei dem Platz am Kolosseum begann und zum Forum hinunterführte, wurde im 1. Jahrhundert n.Chr. ein Brunnen gebaut, dessen Form den *metae* im Zirkus, die von den Wagen umrundet wurden, ähnlich sah, und den man deshalb ***Meta Sudans*** nannte.

Medaillon an der Ostseite des Konstantinsbogens mit der Darstellung des Sonnengottes auf seinem Viergespann, der aus dem Meer entsteigt.

Relief an der Ostseite des Konstantinsbogens mit der Darstellung des Triumphzuges des Konstantin in Rom.

Detail der Säulen des Tempels der Venus und der Roma.

Das letzte Denkmal, das den großen Platz bereicherte, war der **Konstantinsbogen**. Einem Dekret des Jahres 312 zufolge wurde er, wie die Inschrift besagt, vom Senat und dem Volk von Rom zu Ehren des Kaisers errichtet, der Rom von dem «Tyrannen» Maxentius befreit und in der Schlacht an der Milvischen Brücke besiegt hatte. Einzigartig an dem Bogen ist der reiche Schmuck an Statuen und Reliefs, die von älteren Denkmälern der Kaiser Trajan, Hadrian und Marcus Aurelius abgenommen wurden. Nur die horizontal angebrachten Täfelchen über den kleineren Durchgängen und auf beiden Außenseiten des Denkmals ließ man ausdrücklich für den Konstantinsbogen anfertigen, um Episoden aus den «Taten» des Kaisers darzustellen.

Konstantinsbogen, Statue eines dakischen Kriegers.

DER PLATZ VOR DEM KOLOSSEUM

Der Konstantinsbogen, Fries mit der Darstellung der Schlacht Trajans gegen die Daker.

Tempel der Venus und der Roma, vom Platz vor dem Kolosseum aus gesehen.

DAS FORUM ROMANUM

Das Forum Romanum, während der ganzen Republik ein Zentrum der Religion, Politik, Rechtsprechung und des Handels, war bis zum Ende der antiken Welt ein monumentaler Ort «heiliger Erinnerungen» und verdankt seinen Ursprung der Umgestaltung der primitiven Ansiedlungen auf den Höhen der umliegenden Hügel in einen städtischen Organismus.

Auch das zwischen Palatin, Kapitol und den letzten Ausläufern von Quirinal und Viminal gelegene Tal des Forums hatte, obwohl nur am Rande, seit der ausgehenden Bronzezeit bis zum Beginn der Eisenzeit bescheidene Dörfer mit Hütten und einen ausgedehnten Friedhof besessen.

Dann wurde es gegen Ende des 7. Jahrhunderts v.Chr., nachdem die *Cloaca Maxima* für die Trockenlegung gesorgt hatte, begrenzt und gepflastert. Seit dieser Zeit, als der zu Füßen der Kapitolini-

Nachtansicht des Forum Romanum: im Vordergrund der Saturntempel.

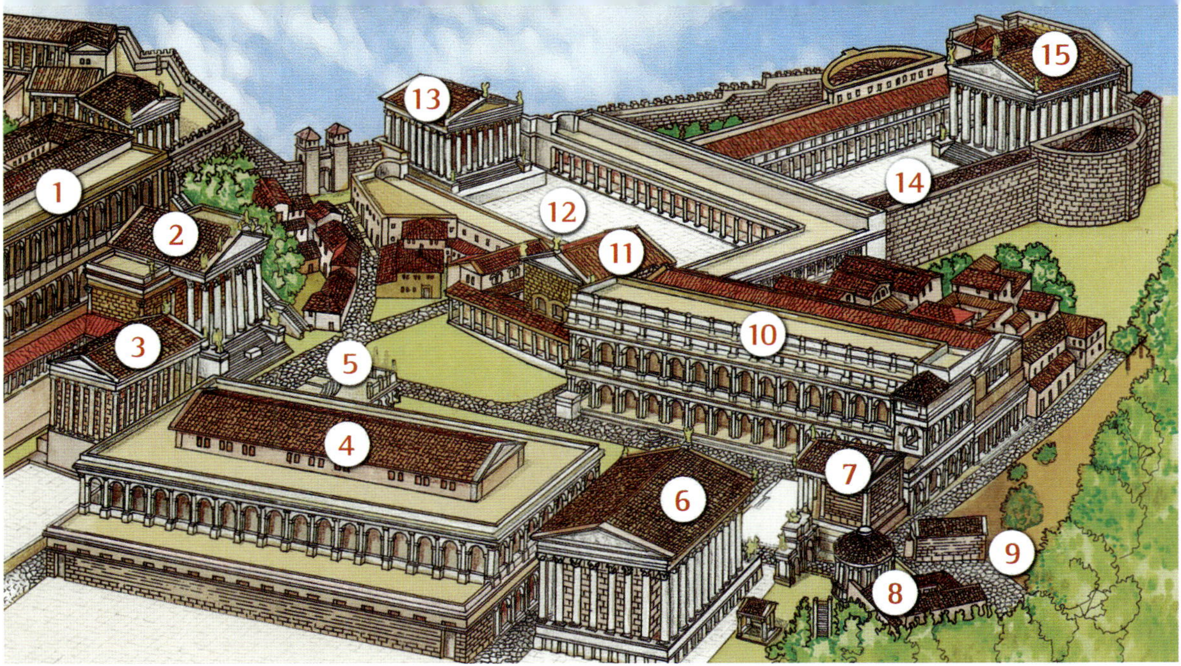

1. Das *Tabularium*
2. Der Concordiatempel
3. Der Saturntempel
4. Die Basilika Iulia
5. Die *Rostra*
6. Der Dioskurentempel
7. Der Caesartempel
8. Der Vestatempel
9. Die *Regia*
10. Die Basilika Aemilia
11. Die Kurie
12. Das Caesarforum
13. Der Tempel der Venus Genetrix
14. Das Augustusforum
15. Der Tempel des Mars Ultor

DAS FORUM ROMANUM ZUR ZEIT DES AUGUSTUS

schen Arx liegende Teil des Tales mit der Entstehung des **Comitium** für die Volksversammlungen und der **Kurie** für die Zusammenkünfte des Senats zum Ort politischer Entscheidungen wurde, übernahm der größere Teil des eigentlichen ***Forum*** die Rolle der «Piazza», wo sich neben Läden und Märkten die ältesten Heiligtümer der Stadt befanden, die der **Vesta**, dem **Saturn**, **Janus** und den **Dioskuren** geweiht waren. Ein Komplex von kleinen Denkmälern (ein Altar, eine Ehrensäule und ein Cippus mit einer auf das 6. Jahrhundert v.Chr. zurückgehenden Inschrift), wurde als «Grab» des mythischen Stadtgründers Romulus angesehen und durch große Platten aus schwarzem Stein (***Lapis Niger***) geschützt.

Forum Romanum, die Kurie. →

Die **«Via Sacra»** durchquerte den Platz in seiner ganzen Länge, um bis zum Jupitertempel auf dem Kapitol hinaufzuziehen.

← Forum Romanum, der *Lapis Niger.*

(→ Im Laufe des 2. Jahrhunderts v.Chr. prägte der Bau der ersten **Basiliken** (*Porcia*, die älteste, *Opimia*, *Sempronia* und vor allem die *Aemilia*) den Charakter des Forums als Zentrum des politischen Lebens und der Verwaltung, womit das Forum sein endgültiges Gesicht anzunehmen begann.

Dieses erreichte der Platz durch den Bau des ***Tabularium***, Sitz des Staatsarchivs (80 v.Chr.), an den Abhängen des Kapitols, die Verlegung der Kurie und der ***Rostra*** (die Tribüne, von der die Magistrate zum Volk sprachen) und den Bau der **Basilika Iulia** gegenüber der Basilika Aemilia durch Caesar, die die Längsseiten abschlossen und die Errichtung des von Augustus gewollten Tempels zu Ehren des vergöttlichten Caesars, der die vierte Seite einnahm.

Die Struktur des Platzes blieb lange unverändert. Die Errichtung neuer Bauwerke wie der **Vespasian und Titus** geweihte **Tempel** und der **Tempel des Antoninus**

Detail des *Tabularium*, das im 1. Jh. v.Chr. höchstwahrscheinlich durch den ↑ Architekten Lucius Cornelius erbaut wurde und Sitz des Staatsarchivs war.

Forum Romanum, die Basilika Iulia. →

← Der Tempel des Antoninus und der Faustina.

und der Faustina, von Antoninus Pius zu Ehren seiner Frau Faustina, die im Jahre 141 n.Chr. starb, gewollt und später vom Senat auch dem Kaiser geweiht wurde, paßten sich der augusteischen Anordnung an, ohne sie zu verändern.

Das einzige nicht passende Element war das riesige Reiterdenkmal des Domitian, welches sich im Zentrum des Platzes befand. Nur ab dem 3. Jahrhundert n.Chr. wurde das Forum von vielen Gedenk- und Ehrenstätten eingenommen: der **Septimius-Severus Bogen**, zwischen den *Rostra* und der Kurie, die sieben Ehrensäulen, die entlang der südlichen Seite des Platzes gegenüber der Basilika Iulia aufgestellt wurden, die Monumente zu Ehren der Zehnjahresfeier zu Ehren der Tetrarchie.

Die Ehrensäule des byzantinischen Kaisers Phokas war das letzte Denkmal, das im Jahr 608 auf dem Forum aufgestellt wurde in einem Moment, als die tausendjährige Geschichte des bedeutungsträchtigsten Ortes in Rom schon einige Zeit zuvor ihr Ende gefunden hatte.

Ein sehr lebendiges Bild von dem Leben, das sich in republikanischer Zeit auf dem Forum abspielte, gibt uns Plautus in seiner Komödie «*Curculio*», die die wichtigsten Stätten auf dem Forum und die Eigenart einer jeden entsprechend den Menschen, die dort ein- und ausgehen, hervorhebt.

«Dort im Comitium, wo die Richter sitzen und die Redner von der Tribüne sprechen, siehst du die Meineidigen, die Lügner und die Prahlhänse; bei der Statue des Marsyas auf dem Platz die Advokaten, die

← Reiterstatue des Kaisers Marcus Aurelius (Rom, Kapitolinische Museen).

streitenden Parteien und die Zeugen; bei den alten und neuen Läden nahe der Basilika die Dirnen, die Bankiers, die Wucherer und Makler; auf dem unteren Forum die ernsthaften und rechtschaffenen Leute, die ruhig ihre Unterhaltungen führen; auf dem mittleren Forum bei dem Kanal die Kanaillen (*canalicolae*), die Schmarotzer, die von den Reichen ein Trinkgeld erwarten, die Schnattermäuler und die Betrunkenen; auf dem oberen Forum die Schwätzer und Lästerzungen. Hinter dem Dioskurentempel und am *vicus* Tuscus trifft sich, was ekelhaft ist und einen schlechten Ruf hat; im *Velabrum* sind die Bäcker und Fleischer, die Haruspices und die Kinäden; bei der Iuthurnaquelle sitzen die Kranken, um das wunderwirkende Wasser zu trinken; auf dem nahen Fischmarkt gehen die Feinschmecker umher. Und überall finden sich Scharen von Nichtstuern und Strolchen, die «*forenses*», die, wenn sie sich nicht dem Glücksspiel hingeben, falsche Nachrichten verbreiten und mit der größten Wichtigtuerei über die Handlungen der Regierung richten». Aber neben diesem täglichen ungezwungenen Leben gab es auf dem Forum stets die Kundgebungen eines anderen, mehr oder weniger «offiziellen» Lebens.

← Forum Romanum, die Ehrensäule für den Kaiser Phokas aus dem Jahr 608 n.Chr.

Der Forumsplatz, Rekonstruktion. →

Übrigens hatten dort die hohen Würdenträger ihren Amtssitz: die Konsuln und Senatoren in der Kurie, die Volkstribunen im Comitium, die Prätoren in den Tribunalen. Von der Tribüne der Rostra sprachen die Magistrate und Bewerber um öffentliche Ämter zu der Menge, im Comitium wählte das Volk die Magistrate und in der Kurie versammelte sich der Senat. Die Triumphzüge und religiösen Prozessionen gingen über die Via Sacra, und auf ihr bewegten sich auch die großen Leichenzüge, die zuweilen vor den *Rostra* anhielten, wo die Trauerreden für den Verstorbenen gehalten wurden. Berühmt ist jene, die Marcus Antonius im Gedenken an Caesar hielt. Vor der Errichtung der Amphitheater fanden auf dem Platz die «Gladiatorenspiele» statt, welche gratis dargeboten wurden. Berühmt geblieben ist ein von Caesar als Ädil 65 v.Ch. gegebener Kampf, an dem 320 Gladiatorenpaare teilnahmen. Doch ebenso berühmt muß das gleichfalls von Caesar für seinen vierfachen Triumph im Jahr 45 v.Ch. gegebene Bankett gewesen sein, bei dem an mehreren Tagen hintereinander zweiundzwanzigtausend Tischgäste speisten.

↑ Titusbogen: der Triumph des Titus mit den heiligen Gerätschaften aus dem Tempel in Jerusalem.

← Der Titusbogen, zur Feier des kaiserlichen Triumphs nach der Eroberung Jerusalems erbaut.

DER TEMPEL DES SATURN UND DER CONCORDIATEMPEL

Gegen Ende der Königszeit begonnen und in der frühen Republik (498/97 v.Chr.) geweiht, war der **Saturntempel** eins der ältesten Heiligtümer Roms. Das in seinen Resten erhaltene Aussehen geht jedoch auf die Restaurierung am Ende des 3. Jahrhunderts n.Chr. zurück, die sich nach einem Brand als nötig erwiesen hatte.

Im Innern seines hohen Podiums wurde in einem dafür vorgesehenen Gelaß das *Aerarium* oder der Staatsschatz aufbewahrt.

Zu Füßen des Tempels ließ Augustus 20 v.Chr. die Säule des ***Miliarium Aureum*** errichten, um die herum in Bronzelettern die Entfernungen der wichtigsten Städte des Reiches von Rom aufgezeichnet waren. An demselben Punkt, der als Zentrum (*umbilicus*) Roms angesehen wurde, nahm der ***Clivus Capitolinus*** seinen Ausgang, der in Verlängerung der Via Sacra auf das Kapitol bis zum Jupitertempel hinaufzog. Er führte vor dem **Tempel des Vespasian und des Titus** vorüber, den Titus für seinen vergöttlichten Vater begonnen hatte, und den sein Bruder und Nachfolger Domitian, auch ihm zu Ehren, zu Ende baute. Weiterhin berührte der Clivus Capitolinus auch die **Portikus *Deorum Consentium***, wo die Statuen der zwölf höchsten olympischen Götter in sechs Paaren aufgestellt waren.

← Forum Romanum, der Saturntempel.

Forum Romanum, die *Rostra* →
(Rednertribüne).

← Neben dem Vespasianstempel war der **Concordiatempel** gegen das Tabularium als Sitz des Staatsarchivs gesetzt. Seine Gründung wird Marcus Furius Camillus zugeschrieben, der ihn 367 v.Chr. gebaut haben soll, um an die stattgefundene Versöhnung zwischen Patriziern und Plebejern zu erinnern.
Mehrfach restauriert und zuletzt von Tiberius ganz neu erbaut, zeigte er die einmalige Lösung, daß seiner Cella ein Pronaos mit sechs in der Länge ausgerichteten Säulen vorgelegt war.

Die Alten erinnerten sich, daß der Tempel zahlreiche Werke berühmter Künstler, vor allem Griechen, barg, die ihn in ein echtes «Museum» verwandelten.
Auf dieser Seite und gegen den Platz hin stand die **Tribüne der *Rostra***, die mit Bronzespornen geschmückt war, welche man im 4. Jh. den Schiffen aus Volsci abgenommen hatte.
Gegenüber dem Concordiatempel erhebt sich der **Bogen des Septimius Severus**, den der Senat und das Volk von Rom 202 errichten ließ, um damit dieses Kaisers zu gedenken, der die Grenzen des Reiches bis nach Mesopotamien vorgeschoben hatte.

→
Forum Romanum:
der Bogen des
Septimius Severus.

Der Tempel des Saturn und der Concordiatempel, →
Rekonstruktion.

Rekonstruktion der Fassade der Basilika Aemilia. →

DIE BASILIKA AEMILIA

Basilika Aemilia, Relief mit Darstellung eines Stierkopfes. →

(→ Die **Basilika Aemilia** sich direkt am Forumsplatz befand und seine Langseiten begrenzte. Ihr folgte jenseits der uralten *Via Argiletum* das **Kuriengebäude**, hinter dem zu Füßen der mächtigen, teilweise von dem Severusbogen verdeckten kapitolinischen Arx sich der **Tullianische** (oder «Mamertinische») **Kerker** befand, über dem der Tempel der Juno Moneta herausragte.

Die Basilika Aemilia hatte die Aufgabe, den Forumsbesuchern einen angemessenen, vor Sonne und Regen geschützten Ort anzubieten, der während der Wintermonate und bei schlechtem Wetter wenigstens einen Teil der sich sonst unter freiem Himmel abspielenden Funktionen, vor allem die mit der Rechtspflege und dem Abschluß von Geschäften verbundenen, übernehmen konnte.

Der Bau wurde 179 v.Chr. von den Zensoren Marcus Aemilius Lepidus und Marcus Fulvius Nobilior hinter einer Reihe von *tabernae* errichtet, in denen die Bankiers ihre Geschäfte abwickelten. Sie wurde mehrfach restauriert, zuletzt 14 v.Chr. von Augustus und dann 22 n.Chr. von Tiberius, und bezog schließlich diese *tabernae* in die im Erdgeschoß befindliche Portikus ein. Ihre sechzehn Bögen ruhten auf Pfeilern, denen Halbsäulen vorgelegt waren. Das Obergeschoß besaß eine gleichartige gestaltete Portikus.

Basilika Aemilia: Fries mit Legenden → vom Ursprung Roms.

Basilika Aemilia, Eingangsbogen. ↑

(→ Der durch Säulenreihen in vier Schiffe unterteilte Innenraum hatte einen reichen Marmorfußboden aus augusteischer Zeit.
Auf ihm sind noch Spuren des Feuers zu sehen, dem die Basilika während der Plünderung Roms durch die Westgoten Alarichs im Jahr 410 zum Opfer fiel.
Vor seiner Treppe befand sich ein kleiner Rundtempel, der Cloacina, der Gottheit der *Cloaca Maxima* geweiht war, die direkt darunter verläuft. Hier soll die Versöhnung und das Reinigungritual der römischen und sabinischen Soldaten nach der Schlacht auf dem Forum im Anschluß an den berühmten «Raub» der Frauen erfolgt sein.

Basilika Aemilia, ↓
Reste des Mittelschiffes.

CAESARTEMPEL UND DIOSKURENTEMPEL

(→ Gleich nach der Ermordung Caesars, am 15. März des Jahres 44. v.Chr., ließ der Senat eine Ehrensäule und einen Altar an dem Ort aufstellen, wo man den Leib des Diktators verbrannt hatte.
Octavian, Caesars Adoptivsohn und Erbe, begann aber erst 31 v.Chr., hier einen **Tempel** zu bauen, der im Jahre 29 vollendet war und dem **Divus Iulius** geweiht wurde. In dem Sockel des Tempels wurde dann eine Nische ausgespart und später zugemauert, die den nicht zerstörten älteren Altar aufnahm. Darüber erhob sich eine Tribüne, die mit den Rammspornen geschmückt war, die man von den Schiffen des Antonius und der Kleopatra nach der Schlacht von Actium abgenommen hatte.
An den Seiten des Tempels befanden sich zwei Ehrenbögen, von denen der erste an der Südseite der Schlacht bei Actium gedachte, während der andere auf der entgegengesetzten Seite vom Senat errichtet worden war, um die Rückgabe der Legionsinsignien an Augustus, die in der Schlacht bei Carrhae dem Triumvir Crassus von den Parthern entwendet worden waren, zu feiern und der später wahrscheinlich seinen beiden Neffen und Erbprinzen Gaius und Lucius Caesars gewidmet wurde. Neben dem Caesartempel hatte schon seit Beginn des 5. Jahrhunderts v.Chr. der **Dioskurentempel** gestanden, dessen Bau mit einer Legende verknüpft ist.

Tempel des *Divus Iulius* (Caesartempel): der sog. Caesaraltar, ↑ Reste eines in den Tempel eingebundenen Altars, vermutlich an der Stelle errichtet, an der die Leiche des Caesar verbrannt wurde.

Aureus mit dem Porträt ↓ von Marcus Antonius.

DER CAESARTEMPEL UND DER DIOSKURENTEMPEL

(→ Während einer Schlacht, in der die Römer den vereinigten Etruskern und Latinern gegenüberstanden, ritten zwei Jünglinge von außerordentlicher Schönheit mit eingelegten Lanzen vor der römischen Kavallerie einher und führten sie zum Sieg.
Fast gleichzeitig sah man zwei ebensolche Jünglinge auf dem Forum, wo sie ihre Pferde an der Iuthurnaquelle tränkten. Wer sie nach Auskünften über den Hergang der Schlacht befragte, dem antworteten sie, auf welche Weise die Römer gewonnen hätten.
Dann verschwanden sie, und alle waren der Meinung, dass die beiden Jünglinge die Dioskuren Castor und Pollux gewesen sein mussten, die Söhne des Jupiter.
Aulus Posthumius Albinus, der die römische Kavallerie am Tage der wunderbaren Erscheinung, dem 15. Juli des Jahres 499 v.Chr., kommandierte, gelobte deshalb den göttlichen Zwillingen den Bau eines Tempels, den sein Sohn fünfzehn Jahre später weihte. Mehrfach restauriert und wiedererbaut, nahm der Tempel unter Tiberius 6 n.Chr. die architektonischen Formen an, wie sie heute an den drei noch erhaltenen Säulen kenntlich sind, die immer aufrecht standen. In dem hohen Unterbau öffneten sich zwischen den Säulengründungen zahlreiche *tabernae* oder Läden von Juwelieren, Geldwechslern und sogar Barbieren.

← Marmorportrait der Königin Kleopatra (Berlin, Staatliche Museen).

Der Caesartempel, rechts → der Tempel der Dioskuren, Rekonstruktion.

DER VESTATEMPEL UND DER BOGEN DES AUGUSTUS

Detail des Vestatempels. →

Der Vestatempel, der Bogen des Augustus und der Tempel der Dioskuren, im Hintergrund die Gebäude des Palatins. →

→ Wo der Forumsplatz zum Palatin hin ansteigt, erhob sich der Tempel, der für die Stadt und ihre Bewohner die allergrößte Bedeutung hatte und der Göttin des «Staatsfeuers des römischen Volkes» geweiht war, der **Vestatempel.** In dem von der Überlieferung dem König Numa Pompilius zugeschriebenen Tempel hüteten die Vestalinnen das ständig brennende heilige Feuer, welches Ausdruck und Symbol für die Fortdauer Roms war.

In dem verborgensten inneren Teil des Tempels wurden außerdem heilige Geräte rituell aufbewahrt, unter denen sich das Palladium als Abbild der Minerva befand, das Aeneas aus Troja mitgebracht haben soll, um das Bestehen des Reiches zu gewährleisten.

Wahrscheinlich war der Tempel, weil nach dem Vorbild der Hütte als ältester Wohnstätte entstanden, rund und oben offen, damit der Rauch abziehen konnte.
Zum letzten Mal ließ ihn Julia Domna, die Gemahlin des Septimius Severus, gegen Ende des 2. Jahrhunderts wiedererbauen.
Gegenüber dem Vestatempel erhob sich der **Augustusbogen**, vor dem sich ein kleiner Brunnen mit einem runden Marmorbecken befand. Den Bogen ließ der Senat errichten, um damit an den Sieg des Augustus über Antonius und Kleopatra im Jahr 31 v.Chr. bei Actium zu erinnern.
Der Bogen hatte drei Durchgänge, von denen der Mittlere von einem Tonnengewölbe bedeckt war. Im Bogendurchgang waren in eigens dafür vorgesehenen Marmorfeldern die Namen der Konsuln und Feldherrn eingeschnitten, denen seit Anbeginn der Republik die Ehrung eines Triumphes zuteilgeworden war.
Im Hintergrund, wo der eindrucksvolle Baukörper des **Dioskurentempels** den Bogen überragte, sahen die kaiserlichen Paläste vom Palatin auf das Forum herunter.

Goldmünze mit Porträt ↑ des Kaisers Augustus.

DAS HAUS DER VESTALINNEN

↙ Kopf einer Vestalin (*Antiquarium* des Palatins).

Neben dem Vestatempel gelegen, war das **Haus der Vestalinnen** Residenz und offizieller Sitz der zur Überwachung des im Tempel brennenden heiligen Feuers und der Durchführung aller damit verbundenen Riten berufenen Priesterinnen. Es waren immer sechs Vestalinnen, die zwischen ihrem sechsten und zehnten Lebensjahr für dieses Priesteramt ausgewählt wurden. Ihr Dienst währte dreißig Jahre, in denen sie das Keuschheitsgebot beachten mußten.

Der Pontifex Maximus loste unter zwanzig Mädchen aus den Patrizierfamilien die «Novizen» aus. Später waren auch Mädchen aus Plebejerfamilien zu diesem hohen Amt zugelassen. Die Vestalinnen erhielten vom Staat eine ansehnliche Mitgift und große Ehrungen, u.a. die, wie die höchsten Beamten von Liktoren begleitet zu werden. Ihre geheiligte Würde war so groß, daß ein zum Tode Verurteilter, der am Tage seiner Hinrichtung einer Vestalin begegnete, begnadigt wurde.

Gesamtansicht des Hauses der → Vestalinnen, vom Palatin gesehen.

Das Haus der Vestalinnen, zentraler Hof und Portiken: Rekonstruktion. →

(→ Aber Priesterinnen, die das heilige Feuer ausgehen ließen oder dem Keuschheitsgebot zuwidergehandelt hatten, wurden mit einem Brot und einem Lämpchen lebend begraben in einem kleinen unterirdischen Raum, der sich bei dem «Feld des Frevels» außerhalb der Mauern auf dem Quirinal befand.

Das nicht zu Unrecht als Prototyp moderner Klöster bezeichnete Haus gliederte sich um einen weiten Hof, mit Garten und Portiken. Auf sie öffneten sich die Räumlichkeiten für den Aufenthalt der Vestalinnen und für das mit Dienstleistungen beauftragte Personal. Das in allem autarke Haus verfügte u.a. über eine Küche, eine Mühle und einen Backofen, die noch erkennbar sind. Im Oberstock lagen die Privatzimmer mit Bädern und Heizanlagen, während sich an der Hauptseite im Erdgeschoß eine den Laren geweihte Kapelle befand. Neben ihr lagen auf jeder Seite drei Zimmer, von denen wohl jedes einer Vestalin gehörte. Auf der gegenüberliegenden Seite befand sich ein großer Raum, der als «*Triclinium*» identifiziert wird.

Das unregelmäßig geformte Gebäude, welches sich südlich vom Hause der Vestalinnen befindet, war die ***Regia*** und der Tradition nach erst der Wohnsitz des Königs Numa und später der des Pontifex Maximus bis es Augustus den Vestalinnen schenkte.

Dem Hause der Vestalinnen gegenüber auf der anderen Seite der Via Sacra steht ein mächtiges Gebäude mit rundem Mittelkörper, der von einem Kuppeldach bedeckt ist und dessen konkave Fassade mit zwei seitlichen Bauteilen von vier Nischen unterbrochen wird, die zur Aufnahme von Statuen gedacht waren. Das Portal ist von zwei aus Porphyr gemeißelten Säulen mit Kapitalen aus weißem Marmor flankiert. Die große völlig erhaltene Bronzetür ist noch im Originalzustand. Dieses Gebäude wird üblicherweise als **Tempel des Divus Romulus**, des jungen, im Jahre 307 n.Chr. verstorbenen und vergöttlichten Sohnes von Maxentius bezeichnet. Gleichwohl ist auch eine andere Identifizierung möglich, über die noch diskutiert wird, denn wahrscheinlich handelt es sich um den Umbau eines älteren Tempelgebäudes.

← Das große Bronzetor des so genannten Romulustempels.

DIE BASILIKA DES MAXENTIUS

← Porträtstatue des Kaisers Maxentius.

→ Kaiser Maxentius sah die Vollendung seiner **Basilika** nicht mehr. Der Tod ereilte ihn im Tiber bei der Milvischen Brücke im Verlauf der berühmten Schlacht von 312, die er gegen Konstantin verlor.
Dieser Kaiser war es auch, der die letzte und größte aller römischen Basiliken einweihte, nachdem er daran einige Veränderungen hatte vornehmen lassen.
Die Basilika war auf einer großen künstlichen Terrasse neben der Velia gegründet an der Stelle, die eine dreifache Portikus eingenommen hatte, die als Vestibül zur *Domus Aurea* Neros gehörte und später in ein «Magazin» für exotische Güter und Luxuswaren aus dem Orient umgebaut wurde. Die drei Schiffe hatten nicht, wie üblich, eine flache Balkendecke, die auf Säulen ruhte, sondern waren von Kreuzgewölben überspannt, die auf Pfeilern lagen, wie man es schon seit über einem Jahrhundert von den großen «Basiliken» der Thermen kannte.
Dadurch wurde es möglich, daß das Mittelschiff in außerordentlich einfacher Weise und mit letzter räumlicher Klarheit auf 35 m Höhe bis zu den Deckenrosetten anstieg, die das Gesamtbild in einer wundervollen Harmonie zusammenschlossen.

Die Maxentiusbasilika, Rekonstruktion des Inneren. →

Die Maxentiusbasilika, →
Detail der Nordseite.

(→ Ende des 4. Jahrhunderts wurde ein neuer Eingang auf der Seite zur Via Sacra gebaut. Die Hinzufügung einer tiefen Nischenapsis in der Mittelarkade des rechten Seitenschiffes bestimmte aber eine neue perspektivische Achse, die quer zu der ersten verlief.

Ein Erdbeben, von dem Petrarca spricht, ließ 1349 die herrlichen Gewölbe einstürzen und nur eine der acht 20 m hohen Säulen, die den Pfeilern vorgelegt waren, blieb an ihrem Platz bis zum Jahre 1614, als Papst Paul V. sie von sechzig Pferden zur Piazza Santa Maria Maggiore bringen ließ.

■ ■ ■

DIE KAISERFOREN

Die Notwendigkeit, das alte politische und administrative Zentrum der Stadt und des Staates den neuen Anforderungen anzupassen, es zu vergrößern und ihm ein herrlicheres und edleres Aussehen zu geben, führte am Ende der republikanischen Zeit zur Schaffung der **Kaiserforen.**

Als erster dachte Caesar 54 v.Chr. daran, den alten «Platz» des Forum Romanum zu erweitern, indem er zu Füßen der Kapitolinischen Festung einen neuen schuf.

So entstand ein neues Forum, das später den Namen des Diktators (***Forum Iulium***) erhielt. Es besaß die regelmäßige, den öffentlichen Plätzen der großen hellenistischen Städte nachempfundene Form eines langgezogenen Rechtecks mit Säulengängen an drei Seiten und am Ende des Platzes einen Tempel in der Mitte der Wand.

Auch der von Augustus 50 Jahre später in Auftrag gegebene Bau eines Forums benutzte das gleiche Schema und nahm östlich vom Caesarforum direkt neben dem populären Viertel der Suburra ein etwa ebenso großes Gelände ein.

So wie das Caesarforum vor ihm wurde auch dieses durch eine hohe Brandmauer gegen die häufigen Brände in der Suburra geschützt.

ROMA

DAS FORUM ROMANUM
UND DIE KAISERFOREN

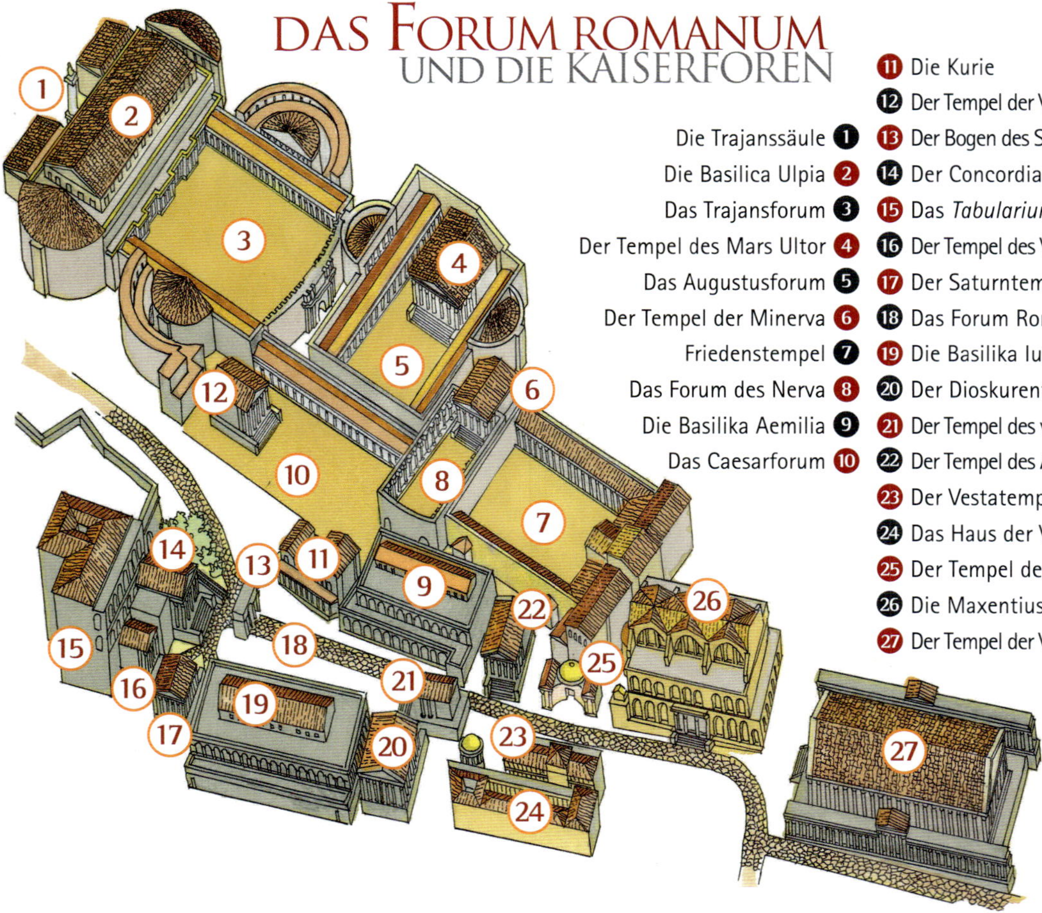

1. Die Trajanssäule
2. Die Basilica Ulpia
3. Das Trajansforum
4. Der Tempel des Mars Ultor
5. Das Augustusforum
6. Der Tempel der Minerva
7. Friedenstempel
8. Das Forum des Nerva
9. Die Basilika Aemilia
10. Das Caesarforum
11. Die Kurie
12. Der Tempel der Venus Genetrix
13. Der Bogen des Septimius Severus
14. Der Concordiatempel
15. Das *Tabularium*
16. Der Tempel des Vespasian und des Titus
17. Der Saturntempel
18. Das Forum Romanum
19. Die Basilika Iulia
20. Der Dioskurentempel
21. Der Tempel des vergöttlichten Caesar
22. Der Tempel des Antoninus und der Faustina
23. Der Vestatempel
24. Das Haus der Vestalinnen
25. Der Tempel des Divus Romulus
26. Die Maxentiusbasilika
27. Der Tempel der Venus und der Roma

→ Die einzige Neuheit des **Augustusforums** lag in der Gestaltung seiner seitlich des Tempels sich befindenden Längsseiten, wo die Säulengänge durch große Exedren ersetzt waren, die mit Halbsäulen und Nischen für Statuen geschmückt waren.

Durch diese beiden neuen Foren erfuhr das monumentale und administrative Zentrum Roms eine angemessene Erweiterung, die mit der von Kaiser Vespasian in der Nähe des Augustusforums vorgenommenen Errichtung des Friedenstempels zu Ehren des Sieges über die Juden im Kriege zwischen 71 und 75 n.Chr., in dem die Beute aus dem Tempel in Jerusalem aufbewahrt wurde, dem ganzen Komplex der Foren eine gewisse Kontinuierlichkeit verlieh.

Tatsächlich unterschied sich der **Friedenstempel** kaum von einem Forum, da vor ihm ein freier, weiter rechteckiger Platz mit Gärten und einer sich über drei Seiten hinziehenden Portikus lag. Als später der Kaiser Domitian das kleine, zwischen dem Augustusforum und dem Friedenstempel verbliebene Gelände nutzte, um ein neues Forum zu schaffen, (dieses wurde das **Forum des Nerva**, der es im Jahre 97 n.Chr. einweihte, oder auch seiner Funktion als Verbindung zwischen den einzelnen Foren wegen das ***Forum Transitorium*** genannt) waren alle Probleme der Kontinuierlichkeit und der direkten Verbindung gelöst und ein einziger organischer Komplex geschaffen.

Forum Transitorium, süd-östliche Wand: die sog. «Colonnacce». ↓

Dennoch wurde zwischen 107 und 112 n.Chr. von Kaiser Trajan, der den Bau dem berühmten Architekten Apollodorus von Damaskus übertrug, noch ein Forum hinzugefügt. Da der zur Verfügung stehende freie Platz sehr klein war, wurde, um dieses Forum errichten zu können, sogar ein Hügel (derjenige, der den Quirinal mit dem Kapitol verband) abgetragen sowie Häuser und Monumente von einigem Wert zerstört. Dadurch wurde allerdings eine Verbindung zwischen dem Verwaltungszentrum und der alten sowie auch der «neuen» Stadt, die auf dem Marsfeld entstanden war, geschaffen.

Das 300 m lange und 185 m breite **Trajansforum** war das letzte aber auch das herrlichste und spektakulärste aller Kaiserforen. Es umfaßte auch die nach dem Kaiser «Ulpia» genannte Basilika, die Bibliotheken und die prächtige Gedenksäule.

Noch heute berichtet eine Inschrift auf dem Säulensockel, daß ihre Höhe von 40 m derjenigen des Hügels entspricht, der an dieser Stelle abgetragen wurde.

Fries mit Viktorien aus dem Mittelschiff der Basilika Ulpia.

Büste des Kaisers Trajan (Ankara, Archäologisches Museum).

DAS TRAJANSFORUM

Möglicherweise begann Domitian mit dem Abtragen des Hügels, wodurch Platz für das neue Forum geschaffen wurde, während Trajan den Bau des riesigen Komplexes verwirklichte und das Forum im Jahre 112 n.Chr., die Säule dahingegen im Jahre 113 n.Chr. einweihte. Die ganze Anlage ist ein Hymnus auf den Sieg des Kaisers über die Daker, einem Volk, welches in der Gegend des heutigen Rumäniens lebte. Der weite Platz mit der zentralen Reiterstatue des Kaisers schloß im Osten mit der Basilika ab, während die anderen Seiten durch Portiken begrenzt waren, von denen die westliche in einer Kurve verlief. Die Portiken an den Längsseiten unterstützten eine Attika, die mit Barbaren darstellenden Statuen im Wechsel mit Reliefdarstellungen von Waffen und Portraits vorangegangener Kaiser sowie von Mitgliedern der kaiserlichen Familie (*imagines clipeatae*) geschmückt war. In der Mitte der Längsseiten öffneten sich zweit tiefe Exedren, die durch eine Reihe von Pilastern der Portikus getrennt waren. Die große Basilika begrenzte den Platz durch eine Säulenreihe und drei Vorgebäuden, auf denen sich Bronzegruppen befanden, die Bigen und Quadrigen darstellten. Der Innenraum gliederte sich in eine zweistöckige doppelschiffige Portikus, die die riesige zentrale Aula umfaßte. An den kurzen Seiten befanden sich außer der Portikus zwei Exedren, die als Tribunal eingerichtet und symmetrisch zu denen auf dem Forum angelegt waren.

Die Trajanssäule, Detail des Säulenschafts.

(→ Die Westseite der Basilika sah auf einen kleinen Hof, in dessen Mitte sich die Säule erhob, während die Nord- und Südseite an die beiden Bibliotheken, eine griechische und eine lateinische, grenzten.
Der Säulenschaft ist vollständig durch ein umlaufendes Reliefband dekoriert, das die Unternehmungen des Kaisers für die Eroberung Dakiens schildert.
Die Besucher des Forums konnten von den Terrassen der Bibliotheken und der Basilika aus die dargestellte Geschichte der Kriege verfolgen.
Nach dem Tode und der Vergöttlichung des Kaisers wurde seine Asche in einer goldenen Urne in der Säulenbasis beigesetzt, während seine Vergöttlichung durch den Bau eines Tempels gefeiert wurde, der nach den neuesten Forschungen und im Gegensatz zu den bisherigen Annahmen in der Mitte der östlichen kurvigen Seite errichtet wurde.
Zeugnis der Großartigkeit des gesamten Gebäudekomplexes noch in später Zeit ist eine Erzählung des Historikers Ammianus Marcellinus: als im Jahre 356 n.Chr. der Kaiser des östlichen Reiches Konstanz II zum ersten Mal nach Rom kam und beeindruckt von der Reiterstatue Trajans, die in der Mitte des Platzes stand, den Wunsch äußerte, eine gleiche für sich arbeiten zu lassen, sagte der ihn begleitende persische Prinz Ormisda; «Oh Herr, gib zuerst den Auftrag, einen Stall wie diesen zu bauen, wenn Du dazu in der Lage bist. Danach kannst Du Dir ein Pferd machen lassen, ähnlich diesem, das wir hier sehen».

Trajansforum, Rekonstruktionszeichnung → der Basilika Ulpia.

← Fries der Trajanssäule, Detail.

Mittlerer Saal der Trajansmärkte und →
Teil der Basilika Ulpia, Rekonstruktion.

DIE TRAJANSMÄRKTE

(→ Der große und reich gegliederte Gebäudekomplex aus Ziegelsteinen, der heute «Mercati di Traiano» genannt wird, verkleidet und stützt mit seiner Mächtigkeit die Felswand, welche durch das Abtragen des Hügels zwischen Quirinal und Kapitol, was ein tiefgreifender urbanistischer Eingriff zur Schaffung einer Ebene für das Forum war, entstand.

Das Gebäude ist in verschiedene Baukörper gegliedert: im Tal folgt ein weiter Halbkreis der Kurve der Exedra des Trajansforums und öffnet sich mit einer Reihe kleiner Räume, die vermutlich kommerziellen Zwecken dienten (*tabernae*), zur Straße und wird an seinen beiden Enden durch zwei mit Apsiden versehene Säle abgeschlossen.

Mit seinem dritten Stockwerk erreicht das halbkreisförmige Gebäude eine zweite gepflasterte Straße, die heute noch den, ihr im Mittelalter gegebenen Namen *via Biberatica* trägt.

Oberhalb dieser Straße erstrecken sich die anderen beiden Baukörper des Komplexes: ein großer Saal mit Kreuzgewölbe, an dessen Seiten sich Räume über drei Stockwerke hin verteilen und, weiter in östlicher Richtung an den Seiten einer großen Aula mit Apsis mehrere Zimmer mit Nischen in den Wänden, die sich um einen Lichtschacht gruppieren.

In der letzten Gebäudegruppe hat man den Sitz des kaiserlichen Beamten (*procurator*) sehen wollen, der für die Organisation des Forums verantwortlich war.

Der ganze Komplex der Märkte, wie die epigraphischen Funde aus den jüngsten Grabungen bezeugen, beherbergte die Verwaltung des Forums, welches selbst nur für Feierlichkeiten und Repräsentationen da war.

DAS CAESARFORUM

Als Caesar beschloß, sein neues Forum zu bauen, hatte er viele Probleme zu lösen. Außer dem Ankauf des Bodens und der Niederreißung zahlreicher Privathäuser in der von ihm gewählten Zone mußten mit dem Abtragen der Ausläufer des kapitolinischen Hügels auch umfassende Erdarbeiten vorgenommen und sogar die Kurie des Senats mit den angrenzenden Gebäuden verlegt werden.
Die hohen Kosten für alle diese Arbeiten (nur für den Kauf des Bodens waren 100 Millionen Sesterzen nötig) konnte der Diktator aus der Beute des siegreichen Krieges in Gallien bestreiten.
Besondere Sorgfalt wurde dem wichtigsten Denkmal des Forums zuteil: dem **Tempel der Venus Genetrix**, den Caesar am Vorabend der Schlacht von Pharsalos gegen den Rivalen Pompejus der Göttin gelobt hatte.
Venus wurde als göttliche Stammutter des Geschlechtes betrachtet, dem Caesar angehörte, da aus ihm Äneas geboren wurde, der aus Troja flüchtete und nach dem Sieg über den König Turnus in Latium an Land ging.
Dann heiratete er Lavinia, die Tochter des Königs Latinus, die ihm Iulus gebar, den Stammvater der Iulier.
Der Tempel wurde am 26. September des Jahres 46 v.Chr. geweiht und enthielt zahlreiche Kunstwerke, u.a. zwei Bilder von Timomachos von Byzanz, die Caesar für achtzig Talente gekauft hatte, sechs Sammlungen geschnittener Gemmen und einen aus Britannien mitgebrachten gemmengeschmückten Küraß.
Außerdem befanden sich dort eine Statue Caesars und eine der Kleopatra.
Die von dem griechischen Bildhauer Arkesilaos geschaffene Kultstatue stellte Venus dar mit einem Amor auf der Schulter und einem Kind auf dem Arm.
Sie war in der Apsis aufgestellt, die sich im Hintergrund der Cella des Tempels befand.

Das Caesarforum und der Tempel der Venus Genetrix. →

← In Basalt ausgeführtes Porträt von C. Julius Caesar (Berlin, Staatliche Museen).

DAS AUGUSTUSFORUM

(→ Den Beschluß, ein neues Forum zu bauen, faßte Augustus am Vorabend der Schlacht von Philippi gegen die Caesarmörder Brutus und Cassius im Jahr 42 v.Chr. mit einem Gelöbnis an Mars. Der **Tempel des Mars Ultor**, den «Rächer», das wichtigste Gebäude des Forums, wurde jedoch erst vierzig Jahre später geweiht.
Aus Carrara-Marmor erbaut, hatte er acht Frontsäulen und ebenso viele an den Seiten, während den Giebel ein großes Hochrelief schmückte. In dessen Mitte stand der sich auf eine Lanze stützende Mars, neben ihm Venus mit einem Eroten und Fortuna. Rechts folgten Mars die Göttin Roma und die Personifizierung des Tibers. Links von Venus war Romulus dargestellt, wie er aus dem Vogelflug Prophezeiungen herausliest und die Personifizierung des Palatins.
In der Cella des Tempels wurden Caesars Schwert und die Crassus von den Parthern abgenommen Legionsinsignien, deren Rückgabe Augustus erreicht hatte, aufbewahrt.
Das ganze Forum diente der Verherrlichung des Kaisers in seiner Rolle als Wiederhersteller der Tradition und der Weiterführung der historischen Entwicklung Roms im Rahmen einer «Vorsehung» und damit von den Göttern gewollt, die ihn beschützten. Deswegen war eine große Zahl von Statuen, welche Heroen und große Persönlichkeiten darstellten, in der Exedra und unter den Portiken aufgestellt worden: Äneas und sein Sohn Iulus, Romulus, die Könige Alba Longas und die größten Geisterder Republik (*summi viri*).

In der Mitte des Tempelvorplatzes befand sich die Statue des Augustus auf dem Triumphwagen.
Noch eine andere, 14 m hohe Kaiserstatue wurde später in einem prächtig dekorierten Saal aufgestellt, der sich im Hintergrund der Portikus links vom Tempel befand und, wie dieser, gegen die große Mauer gestützt war, die das Forum von der Suburra trennte.

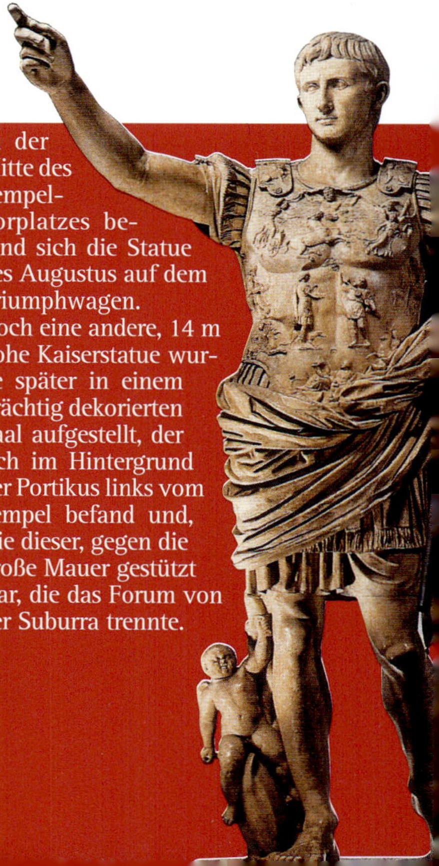

Porträtstatue des Kaisers Augustus,→
gefunden in Prima Porta (Vatikanische Museen).

DER PALATIN

Der Palatin stellte für die Römer immer den heiligen Ort dar, an dem die Stadt entstanden war. Auf diesem gesondert aufragenden Hügel in beherrschender Lage über dem Tiber in der Nähe der Tiberinsel und des Marktes auf dem Forum Boarium hatten die Alten in ihrer Phantasie die legendäre «Gründung» Roms mit der «quadratischen Furche» angesiedelt, die Romulus am 20. April des Jahres 754/53 v.Chr. dort gezogen hatte. Doch die Phantasie deckte sich mit dem wirklichen historischen Ereignis, da die Archäologen auf dem Palatin Reste von Hütten aus der frühen Eisenzeit freigelegt haben, die unzweifelhaft das Vorhandensein einer Siedlung an dieser Stelle bestätigen, wo die Überlieferung die «*casa Romuli*» des mythischen Stadtgründers sehen wollte.

Es handelte sich bestimmt um eins der Dörfer, das bedeutendste wohl, aus denen dann Rom als wirklicher städtischer Organismus entstand.

Die Geschichte des Palatins in den ersten Jahrhunderten ist ziemlich unbekannt.

Palatin, Domus Augustana: Innenhof mit Brunnen und Dekorationsmotiv in Form von vier «*peltae*» (Schilde der Amazonen).

Die Domus Augustana, Rekonstruktion des zentralen Bereiches.

Wanddekoration der sog. «Casa di Livia» auf dem Palatin.

Wandmalerei mit der Darstellung des Apollon Kitharedos (augusteische Zeit, *Antiquarium* des Palatins).

(→ Abgesehen von den **drei Tempeln der Victoria, des Jupiter Stator und der *Magna Mater*** wurde kein öffentliches Gebäude dort errichtet. Im Gegenteil, vor allem in den beiden letzten Jahrhunderten der Republik entstanden hier private Wohnsitze und Stadtvillen reicher und berühmter Persönlichkeiten. Im Jahr 44 v.Chr. beschloß auch Augustus, seinen Wohnsitz auf den Palatin zu verlegen und Apollo einen Tempel zu bauen, der 28 v.Chr. geweiht wurde. Seit dieser Zeit wohnten fast alle Kaiser auf dem Palatin, der sich nach und nach in einen prunkvollen fürstlichen Wohnsitz verwandelte. Der Palatin wurde zum *Palatium*, wie der Komplex nach dem Namen des Hügels genannt wurde. Den ersten wirklichen Kaiserpalast ließ Tiberius bauen. Caligula vergrößerte ihn und schob seine Bauteile soweit vor, daß sie auf das Forum Romanum hinuntersahen. Claudius und Nero ließen zwischen 41 und 64 die sog. **Domus Transitoria** errichten, die in der großen Feuersbrunst des Jahres 64 abbrannte, ohne wiederaufgebaut zu werden. Domitian ließ zwischen 81 und 92 auf ihren Resten und allen noch unbebaut gebliebenen Zonen den endgültigen Palast errichten. Der Bau Domitians, **Domus Augustana**, d.h. «Haus des Kaisers» genannt, bestand aus dem Repräsentationspalast und dem privaten Wohnsitz, einem großen Stadion oder Hippodrom und einem Thermenbau. Auf den Abhängen des Hügels zogen sich bis hinauf zu seinem Gipfel Atrien und Treppen, Peristyle und Säle, Portiken, Terrassen

Statue einer Nymphe (?), Ende 1. Jh.n.Chr., → aus dem Stadion auf dem Palatin.

Statue eines → Satyrn, 2. Jh.n.Chr. (*Antiquarium* des Palatins).

Kopf eines Jugendlichen mit phrygischer Mütze aus der Domus Augustana (2. Jh.n.Chr.).→

und Brunnen hin, die zu der großen *domus* gehörten. «Sie war eins der schönsten Dinge der Welt», wie der Dichter Martial schrieb, «ein gewaltiges Bauwerk, sozusagen aus sieben Bergen zusammengesetzt, die sich einer über dem anderen bis in den Himmel erhoben». Septimius Severus ließ, zwischen dem Ende des 2. und dem Anfang des 3. Jh. den Hügel auf einer beachtlichen Höhe künstlich nach Süden verlängern, bis er mit einer Serie von zweistöckigen Arkaden in der Höhe von 20-30 m die Sitzreihen des darunter liegenden Circus Maximus erreichte. Derselbe Septimius Severus ließ zu Füßen des Hügels das berühmte ***Septizodium*** errichten, das ein einzigartiger architektonischer Prospekt von mehreren Stockwerken war, reich mit Säulen, Nischen und Statuen geschmückt. Wahrscheinlich belebten den Bau, den die von der Via Appia und durch die Porta Capena in der alten republikanischen Mauer nach Rom Kommenden bewunderten, Wasserspiele wie in einem Nymphäum.
Nach Septimius Severus wurden mit Ausnahme eines großen Tempels, den Elagabal im 3. Jahrhundert auf einer zum Teil künstlich aufgeführten Terrasse in der gegen das Kolosseum gerichteten Ecke erbauen ließ, keine bedeutenden Arbeiten mehr auf dem Palatin ausgeführt. Im Gegenteil: zu Anfang des 4. Jahrhunderts war Diokletian der erste Kaiser, der nicht mehr dort wohnte. Mit der Verlegung der Hauptstadt des Reiches nach Byzanz wurde der Palatin endgültig verlassen.

Das Stadion auf dem Palatin:→
Rekonstruktion.

DER CIRCUS MAXIMUS

Der Zirkus und die Zuschauer (Tunis, Bardomuseum).

Der Überlieferung zufolge wurde der **Circus Maximus** von König Tarquinius Priscus an der Stelle erbaut, wo der legendäre «Raub der Sabinerinnen» stattgefunden haben soll. Er war den Wagenrennen vorbehalten und kann als das größte Bauwerk aller Zeiten für Veranstaltungen dieser Art betrachtet werden. In seiner größten Ausdehnung während der Kaiserzeit maß er etwa 600 m in der Länge und 200 m in der Breite und konnte bis zu 300.000 Zuschauern Platz bieten.

Der letzte vollständige Wiederaufbau erfolgte unter Trajan zu Anfang des 2. Jahrhunderts. Von Caracalla vergrößert und von Konstantin restauriert, schmückte Konstanz II. im Jahr 357 den Zirkus mit einem Obelisken des Pharaos Thutmosis III. aus Ägypten. Damit gesellte er sich dem anderen Obelisken von Ramses II. zu, dem schon Augustus in der Mitte der «*spina*» seinen Platz gegeben hatte. Diese *spina* teilte die Arena in zwei Abschnitte und wurde von den Wagen in meistens sieben Runden umfahren.

In der Horizontalen waren die Sitzreihen in drei Sektoren geteilt und an der Seite des Palastes durch die große «Kaiserloge» unterbrochen, die mit den Palästen auf dem Abhang des Hügels verbunden war. Ein Teil der oben befindlichen Plätze muß jedoch durch Holztribünen gestützt gewesen sein, da das häufige Einstürzen den Tod Tausender von Zuschauern hervorrief (1.112 unter Antoninus Pius und unter Diokletian sogar 13.000).

Der Circus Maximus wurde lange benutzt. Trotz der Verbote und Ermahnungen der Kirche (unter den Bögen, welche die Sitzreihen trugen, hatten Prostituierte und

Der Circus Maximus, Rekonstruktion. →

allerlei Gesindel Unterschlupf gefunden) wurden noch im 5. Jahrhundert Wettkämpfe ausgetragen und das letzte Rennen fand 549 unter dem Gotenkönig Totila statt. Dann blieb der Zirkus unbenutzt und war dem systematischen Marmorraub preisgegeben, womit auch die Verschüttung ihren Anfang nahm.

Die beiden umgestürzten Obelisken ließ Papst Sixtus V. 1588 auf der Piazza del Popolo und vor der Kirche San Giovanni in Laterano aufstellen, wo sie sich noch immer befinden.

↑ Mosaik mit Pferden und Reitern:
die Pferde stellen die 4 Faktionen des Zirkus dar (Sousse-Tunesien).

↓↘↘ Mosaik mit der Darstellung von Wagenlenker (3. Jh. n.Chr.), aus der römischen Villa in Baccano.

DAS MARCELLUS-THEATER

In Rom wurden während der republikanischen Zeit erst sehr spät feste Theaterbauten errichtet, weil die jener Epoche eigene Sittenstrenge in den Vorführungen eine Gefährdung der öffentlichen Moral sah. Erst in der ausgehenden Republik wagte Pompejus, das erste feste Theater aus Stein zu erbauen anstelle der provisorisch aufgerichteten hölzernen Tribünen, die nach jeder Vorstellung abgerissen wurden.

Einige Jahrzehnte später folgten das **Theater des Balbus** und das des **Marcellus**, aber nur dieses ist zwischen Kapitol und Tiber noch heute sichtbar. Es wurde von Caesar begonnen und von Augustus 11 v.Chr. vollendet, der es dem Andenken des Neffen und Erben Marcellus widmete.

Das Theater hatte einen Durchmesser von 130 m und eine Höhe von 30 m mit einem Fassungsvermögen von 15.000 Plätzen.

Kopf des Theseus vom Giebel des Apollon-Sosianus-Tempels.

Seine bemerkenswerten Reste sind der im Mittelalter erfolgten Nutzung als «Burg» seitens der römischen Baronalfamilien zu verdanken.
Im 16. Jahrhundert baute Baldassarre Peruzzi das Theater für die Caetani in einen Palast um.
Für die Ortswahl war die Nähe des **Apollotempels** bestimmend gewesen, weil seit ältester Zeit zu Ehren dieses Gottes besondere Feste gefeiert wurden, welche auch die Aufführung von Bühnenstücken umfaßten. Der Bau des ursprünglichen Tempels begann im Jahr 431 v.Chr., als auf Grund eines während einer schweren Pestepidemie abgelegten Gelöbnisses in Rom der Kult des Apollo «*medicus*» eingeführt wurde.
Im Jahr 36 v.Chr. ließ der Konsul Gaius Sosius den Tempel wiederaufbauen, der seit jener Zeit den Beinamen «Sosianus» trug.
Er war mit sehr feinen Reliefs und Plastiken geschmückt und besaß auf seinem dreieckigen Giebelfeld eine griechische Skulpturengruppe

Das Marcellus-Theater, der Apollon-Sosianus-Tempel und rechts der Tempel der Bellona.

Säulen vom Tempel des Apollon Sosianus.

aus dem 5. Jahrhundert v.Chr., die eine Amazonenschlacht darstellte.
Neben diesem Tempel stand ein anderer, dessen Zuschreibung noch immer ungeklärt ist.
Wahrscheinlich wurde er 296 v. Chr. von Appius Claudius Caecus errichtet, der wenige Jahre zuvor die Via Appia bauen ließ, und war der Bellona geweiht.

DAS MARCELLUS-THEATER

← Propyläen der Portikus der Octavia, der Schwester des Augustus im Jahre 23 v.Chr. geweiht. Die heute noch sichtbaren Reste hinter dem Marcellustheater gehören zu der Restaurierungsphase aus severischer Zeit nach einem vernichtenden Brand im Jahre 191 n.Chr. Im 8. Jahrhundert wurde das Propylon in die aktuelle Fassade der Kirche S. Angelo in Peschiera eingebunden und von einem Fischmarkt umgeben (*Forum Piscium*). Papst Paul IV. führte in seiner Bulle «*Cum nimis absurdum*» vom 14. Juli 1555 für Juden die Pflicht ein, in Ghettos zu leben und legte das Gebiet um die Portikus der Octavia als solches fest.

■

DAS PANTHEON

Porträt des Agrippa, Freund und Schwager des Augustus, → dem der erste Bau des Pantheons zu verdanken ist.

(→ Marcus Vipsanius Agrippa ließ in den Jahren zwischen 27 und 25 v.Chr. einen allen Göttern des Olymps geweihten Tempel erbauen, der sich deshalb nach dem griechischen Wort für die Gesamtheit der Götter **Pantheon** nannte. Jedoch ist der Bau, den wir heute sehen, nicht mehr jener ursprüngliche, sondern das in seiner wesentlichen Bausubstanz unversehrte Pantheon, das Hadrian zwischen 118 und 125 vollständig wiederaufbauen ließ, nachdem im Jahr 80 ein Schadenfeuer den Tempel des Agrippa völlig zerstört hatte. Ganz anders als der Vorgängerbau bekam das neue Pantheon eine Rundform. Es besteht aus einer Aula, die von einem riesigen halbkugelförmigen Gewölbe überspannt ist.

Der Durchmesser der Aula und auch der Kuppel beträgt 43,30 m und entspricht somit der Höhe des Bauwerks, das in seinem Innenraum eine ganze Kugel aufnehmen könnte. Außen ist der «Rotunde» ein traditionell empfundenes Pronaos mit sechzehn monolithischen Säulen aus ägyptischem Granit vorgelegt. Darüber befindet sich der Architrav mit der Inschrift in Bronzelettern (modern, aber genau in die antiken Vertiefungen eingefügt), mit der Hadrian in seinem dritten Konsulat des «Tempelerbauers» Agrippa gedenken wollte. Den Giebel über dem Architrav schmückte ein Hochrelief aus vergoldeter Bronze und auch die Balkendecke des Pronaos war mit diesem Material verkleidet.

(→ Papst Urban VIII. ließ die Bronze abnehmen, die Bernini dazu benutzte, den großen Baldachin der Confessio in der Peterskirche zu gießen. Den Innenraum des Pantheons schmücken u.a. monolithische Säulen aus gelbem und geflammtem Marmor.
Mit Ausnahme der hinzugefügten Statuen und modernen Altäre hat das Gebäude sein antikes Aussehen in einer eindrucksvollen Weise bewahrt.
Dieser hervorragende Erhaltungszustand geht auf die Verwandlung des Tempels in eine Kirche zurück, die Bonifaz IV. vornahm, nachdem der byzantinische Kaiser Phokas ihm 608 das Pantheon geschenkt hatte.

Pantheon, der Innenraum. →

Das Pantheon, Fassade → und Teil des Innern.

M·AGRIPPA·L·F·COS·TERTIVM·FECIT

DAS MAUSOLEUM DES HADRIAN

Nach dem Vorbild des Augustus, der sich auf dem Marsfeld ein Mausoleum hatte erbauen lassen, ließ fast anderthalb Jahrhunderte danach Kaiser Hadrian für sich und seine Nachfolger eine neue monumentale Grabstätte errichten. Das **Mausoleum des Hadrian** nicht unweit von dem des Augustus erhob sich auf dem rechten Tiberufer.
Mit dem Bau wurde im Jahr 130 begonnen. Das Mausoleum bestand aus dem mächtigen Körper eines 21 m hohen Zylinders mit einem Durchmesser von 64 m, der eine viereckige Einfriedung erhielt, die ganz mit Marmor verkleidet war.

Kopf des Kaisers Hadrian.

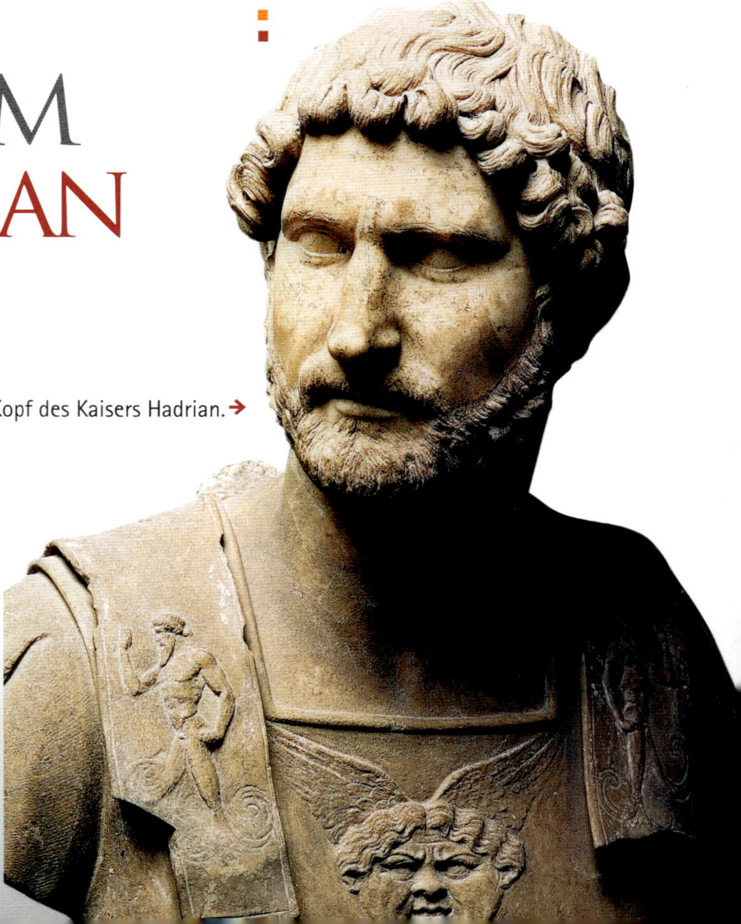

Das Mausoleum des Hadrian, Rekonstruktion.

ROM

(→ Ein Tumulus aus Erde, auf dem Zypressen und andere Pflanzen wuchsen, bekrönte wahrscheinlich das Grabmal, auf dessen höchstem Punkt sich die große Quadriga aus vergoldeter Bronze mit der Statue des Kaisers erhob.
Hadrian wurde im Mausoleum ein Jahr nach seinem Tode, d.h. 139, beigesetzt, als Antoninus Pius das große Werk fertiggestellt hatte. Nach ihm fanden hier außer vielen anderen Mitgliedern des Kaiserhauses alle Kaiser bis zu Caracalla ihre letzte Ruhestätte, der hier 217 begraben wurde.
Um den Zugang zum Mausoleum vom Marsfeld her zu erleichtern, ließ Hadrian eine neue Brücke über den Tiber bauen, die nach dem Namen seiner Familie ***Pons Aelius*** genannt wurde. Sie war unzerstört in der heutigen Engelsbrücke enthalten bis zum Ende des vorigen Jahrhunderts, als der *Pons Aelius* beschädigt und an beiden Brückenköpfen umgebaut wurde, so daß nur die drei Mittelarkaden so blieben, wie man sie zwischen 130 und 134 erbaut hatte.
Honorius ließ das Mausoleum Anfang des 5. Jahrhunderts als eine Art vorgeschobener Bastion in den Verteidigungsring der Aurelianischen Mauern einbeziehen. Wohl nach dem 10. Jahrhundert wurde es in eine Festung (**Castel Sant'Angelo**), zur Verteidigung der Vatikanischen Paläste umgebaut, zu denen ein besonderer Gang die Verbindung herstellte.

← Die Engelsburg, Ansicht bei Nacht.

DAS STADION DES DOMITIAN

(PIAZZA NAVONA)

(→ Das **Stadion des Domitian** wurde vom gleichnamigen Kaiser im Jahre 85 n.Chr. am Rand des Marsfeldes erbaut. An derselben Stelle hatten vermutlich schon Caesar 46 v.Chr., und nach ihm Augustus 28 v.Chr. ähnliche Anlagen realisiert, diese waren jedoch provisorische Bauten aus Holz und nicht für die Ewigkeit gedacht. Domitian förderte in seinem Stadion vor allem griechischen Sportarten, wie auch musikalische und poetische Wettbewerbe, die im Odeon stattfanden, das der Kaiser südlich des Stadions hatte bauen lassen. Diese Wettkämpfe gehörten zu den *Certamen Capitolinum* (Wettkämpfe nach griechischem Vorbild zu Ehren des Jupiter Capitolinus), die Domitian 86 n.Chr. einführte.

Das Stadion war nach griechischem Vorbild angelegt, besaß eine Länge von 275 m sowie eine Breite von 106 m und fasste circa 30.000 Zuschauer. Seine Außenseite muss sehr prunkvoll gewesen sein: Eine zweistöckige Arkadenfassade auf Travertinpilastern, mit ionischen Halbsäulen geschmückt (in der oberen Reihen vermutlich korinthischer Ordnung); hinter den Arkaden, im Erdgeschoß, verliefen drei parallele Korridore mit Radialmauern, die die Cavea stützten sowie Treppen, die zu den zweigeteilten Zuschauerrängen führten (*moeniana*). Die Nordseite bildete eine Kurve und besaß einen Eingang, dem ein Portikus mit zwei Marmorsäulen vorstand, während sich zwei weitere Eingänge jeweils in der Mitte der zwei Längsseiten befanden. Es ist möglich, dass sich ein vierter Eingang im Süden öffnete.

↑ Marmorporträt der Kaisers Domitian.

↑ Piazza Navona, Detail des Vier-Ströme-Brunnens und die Kirche «S. Agnese in Agone».

(→ Das Stadion wurde im Jahre 228 n.Chr. unter Kaiser Severus Alexander restauriert und blieb in Benutzung bis zu Beginn des 5. Jahrhunderts. In den folgenden Jahrhunderten wurde es nach und nach seiner Dekoration und seines Baumaterials beraubt, um sie anderweitig zu verarbeiten. An seiner Stelle wurde in der Renaissance ein großer Platz angelegt, der exakt den Grundriss und die Ausmaße des ehemaligen Stadions einnahm; er erhielt sogar den kurvigen Abschluss im Norden. Der Name des Platzes «Navona» könnte sich auf die Wettkämpfe, die in der Antike vor Ort abgehalten wurden, beziehen von dem lateinischen Terminus «*in agone*» abzuleiten sein. Mit der

PIAZZA NAVONA

Das Stadion des Domitian, Rekonstruktion. →

Zeit hätte sich die Bezeichnung in das eher volkstümliche «nagone» abgeschliffen, bis zur endgültigen Bezeichnung «Navona».
Die eigentliche Piazza Navona nimmt den Bereich der Arena des antiken Stadions ein, während die umstehenden Palazzi den Platz der ehemaligen Zuschauerränge besetzen. Die antiken Überreste sind noch in den Kellern einiger Häuser und dem Untergeschoss der Kirche S.Agnese in Agone sichtbar.

← Reste des Stadions des Domitian an der Piazza von Tor Sanguigna.

DER HEILIGE BEZIRK AM LARGO ARGENTINA

Der Heilige Bezirk am Largo → Argentina: Rekonstruktion der Tempel A und B.

(→ Der als «**Area Sacra di Largo Argentina**» bekannte archäologische Komplex wurde im Sommer 1926 zufällig bei Bauarbeiten entdeckt.
Der Bereich des südlichen Marsfeldes, in dem sich die Tempelbauten befinden, wird im Norden durch das *Hecatostylum* (die Portikus der hundert Säulen), im Süden von den Gebäuden am Circus Flaminius, im Westen von den Portiken am Pompejus-Theater und im Osten von einem großen, von Portiken eingefassten Platz (der *Porticus Minucia Frumentaria*) begrenzt.
In der «Area Sacra» stehen vier aus republikanischer Zeit stammende Tempel, die man gewöhnlich mit den ersten vier Buchstaben des Alphabets benennt. Alle vier Gebäude weisen verschiedene Bauphasen auf, die auf diverse spätere Umbauten zurück zu führen sind. Man kann drei Phasen erkennen: Auf das ursprüngliche Bauniveau, zu dem die ältesten Tempelgebäude gehören, folgt eine spätrepublikanische einheitliche Tuffbepflasterung und im Folgenden ein Travertinpflaster aus der Kaiserzeit.
Das älteste Gebäude ist der sogenannte **Tempel C**, der aufgrund seiner Bautechnik und der Fragmente der architektonischen Dekoration an den Anfang des 3. Jhs.v.Chr. datiert wird.

← Kolossalstatue einer weiblichen Gottheit vom Tempel B (Rom, Kapitolinische Museen).

DI MELPOMENE
DI TERSICORE

(→ Der **Tempel A** erhebt sich auf der nördlichen Seite des Heiligen Bezirks und wurde vermutlich ebenfalls im 3. Jh.v.Chr. erbaut. Er wurde jedoch im Laufe der Jahrhunderte mehrmals völlig umgestaltet. In seiner jetzigen Form geht er wohl auf die Zeit des Pompejus, um die Mitte des 1. Jhs.v.Chr., zurück. Es handelt sich um einen kanonischen Peripteros mit Säulen aus Tuff und Kapitellen aus Travertin. Die heute noch sichtbaren Travertinsäulen stammen jedoch aus einer späteren Restaurierung. Der **Tempel D** am südlichsten Rand des Geländes ist der größten von allen. Auch er ist in seiner heutigen Form spätrepublikanisch. Er ist vollständig aus Travertin erbaut und seine älteste Bauphase kann vermutlich an den Anfang des 2. Jhs.v.Chr. datiert werden. Als letzter entstand der **Tempel B**, ein Rundbau auf einem Podium, zu dem an der Front eine Treppe hinaufführt. Die korinthischen Säulen sind aus Tuff haben Basen und Kapitelle aus Travertin. In der Nähe des Gebäudes wurden Fragmente einer kolossalen Kultstatue gefunden: Die Statue stellt eine weibliche Gottheit aus griechischem Marmor dar; die bekleideten Körperpartien müssen aus Metall gewesen sein. Es handelt sich hierbei zweifellos um einen Akrolithen (heute im Kapitolinischen Museum aufbewahrt).

Der Tempel B kann höchstwahrscheinlich mit der *Aedes Fortunae Huiusce Diei* (der «Glücksgöttin des heutigen Tages») identifiziert werden. Quintus Lutatius Catulus, der im Jahre 101 v.Chr. zusammen mit Marius Konsul war, gründete den Tempel nach seinem Sieg über die Cimbern bei Vercellae. Der Tempel C war wahrscheinlich der alten italischen Gottheit Feronia geweiht, die schon in sehr früher Zeit einen Tempel auf dem Marsfeld besaß. Ein wenig problematischer gestaltet sich die Bestimmung von Tempel A: nach einer Stelle in den «*Fasti*» Ovids, könnte es sich um den Tempel der Iuturna, einer Wasser- bzw. Quellengottheit, handeln. Der Tempel könnte das religiöse Zentrum des Amtes für die Wasserversorgung (der *Statio aquarum*) in Rom gewesen sein.

Largo Argentina, Tempel A. →

Blick auf die Tiberinsel mit den Resten des *Pons Aemilius* (sog. «Ponte Rotto»).

DIE TIBERINSEL

Der Überlieferung zufolge soll die **Tiberinsel** entstanden sein, als das Volk Tarquinius den Hochmütigen verjagte und die auf dem Marsfeld geplünderten Kornährenbündel, die dem fliehenden König gehört hatten, in den Tiber warf. In Wirklichkeit war die Insel sehr viel früher auf natürliche Weise entstanden an einer Stelle, wo sich das Flußbett verbreiterte und die Strömung geringer wurde.
Die Insel hatte eine außerordentliche Bedeutung, weil sie den Flußübergang erleichterte und die Weiterführung der Strassen ermöglichte, die den Norden der tyrrhenischen Küste mit dem Süden verbanden. Damit wurde die Insel zu einem strategischen Punkt und, neben anderen Faktoren, bestimmend für die Entstehung Roms.
Den Fluß hatte eine große Mauer eingedämmt und der Insel eine Form gegeben, die einem Schiff glich. Ein kleiner Obelisk ragte wie ein «Mast» in der Mitte auf

Die Tiberinsel

und unterstrich damit noch diese Ähnlichkeit. Nach dem Ende einer schweren Pestilenz wurde hier im Jahr 291 v. Chr. dem Heilgott Äskulap ein **Tempel** erbaut. Seit jener Zeit besaß die Insel einen vorwiegend heiligen Charakter, der mit dem Kult und den Heilpraktiken in Verbindung stand. Zu dem Tempel gehörten Portiken und andere Gebäude, wo die kranken Pilger in Erwartung einer Wunderheilung Aufnahme fanden. Es ist singulär, daß die Insel diese Aufgabe in moderner Zeit wiederaufgenommen und bis in unsere Tage beibehalten hat, denn dort befindet sich ein Krankenhaus, das überdies einem religiösen Orden gehört.

Gegen Ende der Republik verbanden zwei Brücken die Tiberinsel direkt mit den beiden Ufern des Flusses. Der zum linken Ufer führende ***Pons Fabricius***, der 62 v. Chr. erbaut wurde, ist noch erhalten, während der ***Pons Cestius***, 46 v. Chr. erbaut, zum rechten Ufer nach Trastevere führte, aber von den Kaisern Valentinian, Valens und Gratian 370 erneuert und leider gegen Ende des vorigen Jahrhunderts vollständig umgebaut wurde.

Rekonstruktion der Tiberinsel mit dem Tempel des Äskulap. →

← Die Schlange des Äskulap, Gott der Medizin, wie sie zur Tiberinsel gelangt.

Petrusbasilika, Luftbild. →

Hl. Petrus

→ Als am 23. Dezember 1950, im heiligen Jahr, Papst Pius XII. in seiner Weihnachtsbotschaft über den Rundfunk feierlich bekannt gab, daß bei den Grabungen unter der *confessio* der Peterskirche das Grab des hl. Petrus gefunden wurde, zerriß endlich der seit einiger Zeit immer dichter gewordene Schleier der Ungewißheit, welche bisher niemand zu klären gewagt hatte. Diese außergewöhnliche Entdeckung brachte nun die Bestätigung für einen lange geübten Brauch, wonach seit fast zweitausend Jahren das Grab des Apostelfürsten unter dem Papstaltar verehrt wurde, trotz aller Versuche, nicht nur den Tod und die Bestattung Petri sondern sogar seinen Aufenthalt in der ewigen Stadt zu leugnen.

In der Tat gibt es keine sichere Nachricht über das Jahr, in dem Petrus nach Rom kam; unsicher ist die Zeit seines Aufenthalts und das Jahr seines Martyriums.

Zwischen den Legenden und den frommen Überlieferungen bezüglich der letzten Taten des irdischen Lebens des Apostels, ist zweifellos diejenige von der wunderbaren Erscheinung Christi auf der Via Appia, als der hl. Petrus im Begriff war, Rom eiligst zu verlassen, um vor der neronischen Verfolgung zu flüchten. Zusammengefaßt ist sie in der überraschten Frage des Apostels an seinen Herrn ***«Domine, quo vadis?»*** (Herr, wohin gehst Du?) und in der traurigen Antwort Christi ***«Venio iterum crucifigi»*** (ich gehe, um noch einmal gekreuzigt zu werden), worauf sich der hl. Petrus zur Umkehr entschied, bereit, dem Opfertod entgegenzugehen.

An der von der Überlieferung für diese Begegnung bezeichneten Stelle, bei der Kreuzung von Appia und Ardeatina, steht noch heute eine kleine Kirche des 9. Jahrhunderts (Anfang des 17. Jahrhunderts restauriert), die «**Quo Vadis**» heißt. Alle übrigen Legenden beziehen sich auf die Gefangenschaft Petri im mamertinischen Kerker. Die Ketten, mit denen Petrus gefesselt gewesen sein soll, sind in der Basilika von S. Pietro in Vincoli auf dem Esquilin aufgehoben, wo sie sich schon im 5. Jahrhunderts n.Chr. befanden.

Die gesicherten Daten über das Martyrium und die Bestattung haben den Legenden gegenüber Beweiskraft. Als Ort des Martyriums geben die Quellen übereinstimmend die Hänge des vatikanischen Hügels an und zwar nicht weit entfernt vom Zirkus, ***iuxta obeliscum*** (d.h. neben dem Obelisken, dem im Zirkus auffälligsten Denkmal), der von Caligula (37-41) gebaut und von Nero (54-68) beendet wurde. Der Tradition zufolge wurden hier viele Christen unter schrecklichen Qualen getötet, die Nero beschuldigt hatte, den unheilvollen Brand von Rom im Jahr 64 verursacht zu haben.

Unter ihnen befand sich der Apostel Petrus, der am nordöstlichen Abhang des Vatikanischen Hügels in einer heidnischen Nekropole begraben wurde, die sich an einer parallel zur östlichen Langseite des Zirkus verlaufenden Gräberstraße in einem den Armen vorbehaltenen Sektor hinzog.

An dieser Straße entstanden seit dem 2. Jahrhundert auch mehrere Mausoleen, von denen einige durch Zweitbelegung zu christlichen Gräbern wurden.

← Bronzestatue des Hl. Petrus.

Vatikanische Nekropole, ↑ Mausoleum der Julier: Mosaik mit der Darstellung Christi als aufgehender Sonne.

(→ Unter den verschiedenen erhaltenen Eigentumstiteln ist das Mausoleum H zu nennen, in dem Petrus angerufen wird, damit er «Christus für die Heiligen bitte, die bei seiner Schwelle begraben waren».
Viele dieser Mausoleen lassen einen bemerkenswerten architektonischen Aufwand erkennen und sind mit Malereien, Stuckwerk und Mosaiken ausgeschmückt; oft enthalten sie auch Sarkophage. Das repräsentativste Gebäude dort ist das Mausoleum M aus dem Anfang des 3. Jahrhunderts n.Chr., in dessen Gewölbe eine Mosaikdekoration Christus auf einem Sonnenwagen, wie Apollo, darstellt.
Das Petrusgrab befindet sich im westlichen Endteil der Nekropole und hatte, wegen der tiefen Verehrung, die der Apostel immer genoß, radikale Veränderungen erfahren. Ursprünglich war es nur ein in die nackte Erde eingetieftes Begräbnis, das wahrscheinlich durch eine Bedeckung von Ziegeln geschützt war. Etwa um die Mitte des 2. Jahrhunderts n.Chr. wurde eine Mauer mit rotem Wandverputz gebaut, um das Petrusgrab vor der von den Hängen des vatikanischen Hügels nachrutschenden Erde zu schützen. Wo sich das Grab befand, war die Mauer durch eine Ädikula unterbrochen, die aus zwei übereinanderliegenden Nischen besteht, welche in dieselbe Mauer eingesetzt und von einem Travertinstreifen, den zwei kleine Marmorsäulen tragen, unterteilt sind. Um diese Ädikula fand sich eine große Anzahl von anderen Gräbern, einfache und arme Erdbestattungen, die zwischen dem 2. und dem 4. Jahrhundert datiert werden, als die Christen begannen, die Mausoleen der Nekropole zu benutzen.

NI CAELORVM ✠ TV ES PETRVS
FIDES
MVNDO

DIE KONSTANTINISCHE BASILIKA

➔ In den ersten Jahren des 4. Jahrhunderts ließ Kaiser Konstantin (306-337) den Abhang des Hügels, auf dem sich die Nekropole entwickelt hatte, einebnen, so daß diese bedeckt wurde und ließ hier eine große Basilika zu Ehren des Apostelfürsten errichten.
Die große konstantinische Kirche, die Papst Silvester am 18. November 326 weihte (der Bau begann 324, wurde aber erst 349 vollendet), lag teilweise über dem nördlichen Teil des Zirkus von Caligula und Nero, teilweise über der Nekropole und ließ die Begräbnisstätte des Hl. Petrus unversehrt.
Das 85 m x 64 m große Monument hatte fünf Schiffe, ein Querschiff und eine Apsis. Vor der Fassade befand sich ein geräumiger von Säulen umgebener Hof, in dessen Mitte es einen Brunnen mit Becken (*cantharus*) für die Waschungen gab. Über dem Grab des Hl. Petrus wurde von Konstantin und seiner Mutter Helena ein für seine Schlichtheit beeindruckendes Monument erbaut: ein Marmorkasten mit einem goldenen Kreuz, das von einer *pergula* überdacht war, welche von sechs gewundenen Säulen, die noch erhalten sind, getragen war. Die Säulen sind mit Weinranken, die die Spiralen umwinden, dekoriert. Bernini hat diese aus Griechen-

Die Petrusbasilika und Rekonstruktion ↗
der konstantinischen Basilika. ➔

land stammenden Säulen in der heutigen Basilika wiederverwandt als Ornament der Loggien der vier riesigen Pilaster, die die Kuppel tragen. In der Mitte der *pergula* hing eine königliche Krone, ein symbolisches Ornament und gleichzeitig Sitz für die Lampen, die die Feiern beleuchteten. Unter der Krone wurde während der Messe ein mobiler Altar aufgebaut. Nur unter Gregor dem Großen (592-604) bekam die Basilika einen stabilen Altar über das konstantinische Marmormonument, welches in eine halbkreisförmige Krypta eingeschlossen wurde. Der Altar Gregor des Großen wurde später in die Altäre von Calixtus II. und Clemens VIII. einbezogen.
Es sei daran erinnert, daß zu Weihnachten des Jahres 800 Karl d.Gr. in der Basilika von Papst Leo III. gekrönt wurde. Während des Hochmittelalters entstanden nacheinander in der Nähe Einrichtungen zur Hilfeleistung für die Pilgermassen, die sich aus allen Teilen der christlichen Welt nach Rom begaben, um das Apostelgrab und die letzten Ruhestätten anderer römischer Märtyrer zu verehren.
Im Jahr 846 wurde die Basilika von den Sarazenen geplündert. Nach diesem unheilvollen Ereignis ließ Papst Leo IV. (847-855) eine Wehrmauer um die Kirche und die sie umgebende Zone aufrichten, die außerhalb der Aurelianischen Mauer lag, die sich auf der anderen Seite des Flusses befand. Damit schuf der Papst eine befestigte Zitadelle, die man *Civitas Leoniana* nannte.
Im Verlauf des 13. Jahrhunderts erhielt der Komplex eine doppelte Funktion, indem er nicht nur Zitadelle war, sondern, mit dem Lateran abwechselnd, auch zur Residenz des Bischofs von Rom wurde. Man fügte einige Säle an (darunter die Cappella Palatina, wo später die Sixtinische Kapelle entstand), sowie Loggien und Gärten, und zwischen dem Palast und der Engelsburg entstand auf den Mauern Leos ein gedeckter Gang, der sog. «Passetto».
Nachdem die Basilika mehrere Male restauriert und erweitert worden war, drohte sie einzustürzen. Aus diesem Grunde gab Papst Nikolaus V. Bernardo Rossellino den Auftrag zum Umbau. Doch mit dem Tode des Papstes 1455 wurden alle Arbeiten eingestellt.
Die Unterbrechung dauerte bis 1506, als Papst Julius II. Bramante den Auftrag zu einem völligen Neubau erteilte. Der letztere gedachte «ein Pantheon über der Basilika Konstantins zu errichten».

DIE BASILIKA VON MICHELANGELO

Am 18. April 1506 begann Bramante mit dem Neubau der Basilika, für den er das inzwischen in sehr schlechtem Erhaltungszustand befindliche Kirchengebäude Konstantins opferte.
Die Arbeiten an dem riesigen Neubau dauerten mit Verbesserungen, Änderungen der Projekte, Ergänzungen und Veränderungen über hundert Jahre. Berühmte Architekten ließen sie ausführen: nach Bramante Raffael, Giuliano da Sangallo, Baldassare Peruzzi, Antonio da Sangallo der Jüngere, Michelangelo, Vignola, Giacomo Della Porta, Domenico Fontana, Carlo Maderno und Bernini.
Das endgültige Projekt stammt von Michelangelo. Die neue Kirche mit dem Grundriß eines griechischen Kreuzes hatte fünf Schiffe und war größer als die antike, aber kleiner als die von Bramante geplante. Ihren Mittelpunkt sollte die Kuppel bilden, die sich über dem Petrusgrab erhob.
Die Arbeiten wurden im ersten Viertel des 17. Jahrhunderts unter weiteren Veränderungen der vorliegenden Projekte beendet. Die Kuppel wurde eingewölbt und der einst auf der Mitte der Spina des Zirkus von Caligula stehende Obelisk dorthin gebracht, wo er heute noch steht. Aber Paul V. (1605-1621) kehrte zu der Idee einer Basilika mit dem Grundriß eines lateinischen Kreuzes zu-

Michelangelos Kuppel.

← Stuhl des Hl. Petrus aus vergoldeter Bronze.

rück. Deshalb verlängerte Maderno das Gebäude unter Hinzufügung von drei Kapellen auf jeder Seite, bis die jetzigen Abmessungen erreicht waren, und baute die 1614 fertig gestellte Fassade.
Das Ergebnis war schließlich der stolze, größte Tempel der Christenheit, den Papst Urban VIII. am 18. November 1616 weihte, eintausenddreihundert Jahre nach der ersten Weihe. In der Mitte der Basilika, unter der großartigen Kuppel Michelangelos, die sich als einer der schönsten Bauten aller Zeiten bis zu einer Höhe von 132 m erhebt, befindet sich der Papstaltar. Da er über der *Confessio* steht, sich also genau über der Grabstätte Petri erhebt, stellt er Herz und Mitte der Basilika sowie des christlichen Roms dar.
Die barocke Innendekoration der 1626 geweihten neuen Basilika ist ein Werk Berninis. Alexander VII. (1655-1667) ist die Verwirklichung des großen Platzes mit ihren Portiken zu verdanken, dessen halbrunde Arme ursprünglich eine Verlängerung in Richtung der Basilika des Alten und Neuen Borgo darstellten.
Ideologisch sollte der Platz das letzte der Kaiserfora, nämlich das «Christliche Forum», darstellen.
Der Innenraum der Petrusbasilika hat grandiose Dimensionen und ist mit Kunstwerken angefüllt. Unter ihnen sei vor allem auf den **Bronze-Baldachin** über dem Altar mit seinen Spiralsäulen, die jene des Zibori-

← Michelangelos Pietà.

ums aus dem 6. Jahrhundert wiederholen, hingewiesen. Er ist ein Werk Berninis. Auch der **Stuhl Petri** aus Goldbronze stammt von diesem Künstler und umschließt den hölzernen, mit Elfenbeindekorationen verkleideten antiken Papststuhl.
Außerdem sind zu nennen: einige Grabmonumente von Päpsten; die **Bronzestatue Petri**, die als Werk des 5. Jahrhunderts galt, aber tatsächlich aus dem 13. Jahrhundert stammt und Gegenstand der täglichen Verehrung von Gläubigen ist, was die bereits abgewetzten Füße erkennen lassen; die **Marmorgruppe der Pietà**, die der 23-jährige Michelangelo 1498-99 schuf, und die das einzige von ihm signierte Werk ist. Auf dem Fußboden des Mittelschiffs sind, von der Apsis ausgehend, in der Längsachse - wenn auch mit einigen Irrtümern - die Abmessungen der größten Kirchen der Welt angegeben. Unter dem Mittelschiff der Basilika dehnen sich **die Heiligen Vatikanischen Grotten** mit den Gräbern vieler Päpste und Regierenden aus. Mehrere frühchristliche Sarkophage und verschiedene Architekturelemente stammen noch aus der Konstantins Basilika.

Schnitt der Basiliken über dem Petrusgrab.

A > Die Basilika der Renaissance im Jahre 1626 geweiht.
B > Die Basilika von Kaiser Konstantin (4. Jh. n.Chr.).
C > Das Petrusgrab und die Mausoleen der Nekropole.

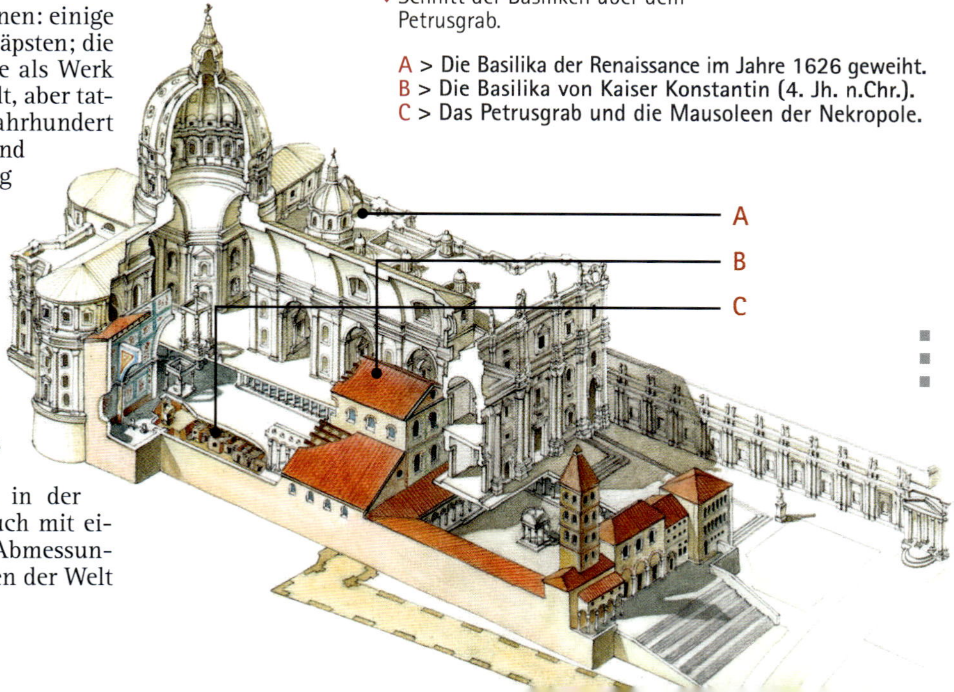

DIE SIXTINISCHE KAPELLE

"UND GOTT ERSCHUF DEN MENSCHEN"

→ Inmitten des Vatikans (neben Hl. Petrus und den Palästen, die seit 1377 Sitz des Papstes sind) wurde 1437 unter Sixtus IV. **die Sixtinische Kapelle** errichtet.
Sie ist wegen der herrlichen Fresken Michelangelos weltberühmt. Auf der einen Querwand ist das «Jüngste Gericht» und im Ton-

A

nengewölbe der Decke die Schöpfungsgeschichte dargestellt. Mittelpunkt dieser Szenen bildet die «Erschaffung des Menschen», den Gott zum Herrn der Welt machte und zu dessen Erlösung er den Menschensohn auf die Erde sandte. Sein erster Stellvertreter wurde, nach göttlichem Gebot, Petrus, der Jünger und Apostel.

A Sixtinische Kapelle: die Erschaffung des Menschen.

B Wand mit dem Jüngsten Gericht: Christus als Richter.

C Wand mit dem Jüngsten Gericht: ein Verdammter.

D Sixtinische Kapelle, Decke: die delphische Sybille.

DAS CHRISTLICHE ROM

(→ Das antike Rom ist vor seinen Mauern von einer unterirdischen Totenstadt umzogen, die sich in vielen Kilometern Gängen erstreckt. Diese Labyrinthe haben im Laufe der Jahrhunderte immer wieder die Phantasie des Volkes angeregt. So sind auch die gelehrten Legenden entstanden über die Nutzung der Katakomben als Zufluchtsort der ersten verfolgten Christen. Heute weiß man, daß dies nicht möglich war, weil die Katakomben, als die Verfolgungen anfingen, in einem embryonalen Stadium waren und sich inmitten heidnischer Gräber befanden: sie waren also allen bekannt.

Viele Umstände trugen zur Entstehung der großen römischen Katakomben bei: die ständige Zunahme der Bevölkerung (von den Forschern, die solche Berechnungen versuchten, zwischen 500.000 und 2.000.000 Einwohnern am Höhepunkt des Kaiserreiches berechnet) sowie der vermehrte Bedarf an Begräbnisstätten und die Entstehung großer Villen innerhalb von Landgütern vor den Toren der Stadt an Orten, wo vordem Nekropolen waren, und zuletzt die Tatsache, daß sich die Gräber im 2. Jahrhundert schon ziemlich weit von der Stadt entfernt hatten.

Übersichtsplan von Rom mit den wichtigsten Katakomben:

1. der Priscilla
2. der Hl. Agnes
3. jüdische Katakombe der Villa Torlonia
4. Vatikanische Nekropole
5. des Hl. Laurentius
6. der Hl. Marcellinus und Petrus
7. jüdische Katakombe in der Vigna Rondanini
8. des Hl. Kalixtus
9. des Praetextatus
10. der Domitilla
11. des Hl. Sebastianus

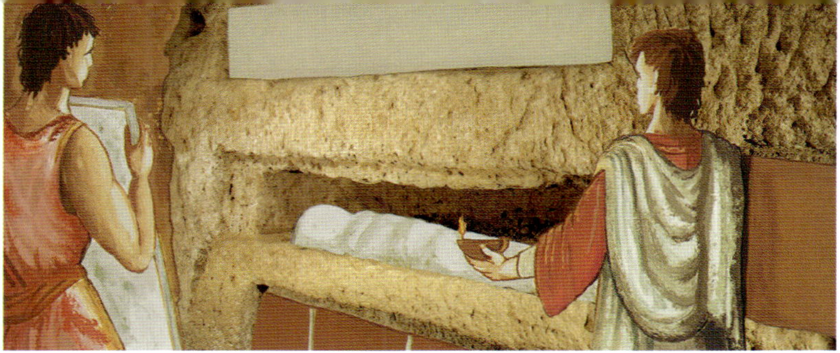

Katakombe des Hl. Kalixtus, *fossores* bei der Arbeit. ↑

So begannen seit dem 3. Jahrhundert n.Chr. Christen, Heiden und Juden, den Untergrund von Gräbern oder Grabbezirken zu erschließen, die sie gekauft oder als Erbschaft übernommen hatten, deren oberirdischer Teil nicht mehr genutzt werden konnte, weil der ganze zur Verfügung stehende Platz von den Vorfahren belegt war.

Die früheste Entwicklung der Katakomben, wie wir sie heute kennen, – die berühmteste ist die des hl. Kalixtus – vermittelt einen Eindruck von der christlichen Gesellschaft des 3. Jahrhunderts, von der in Rom andere archäologische Zeugnisse fehlen. Es handelt sich um ein unterirdisches Netz von ziemlich regelmäßig angelegten, nicht sehr langen Gängen, die höchstens einige Hundert Grabstätten aufnehmen konnten. Bei ihnen ist eine bemerkenswerte Einheitlichkeit und auch eine ziemlich dürftige Ausstattung wahrzunehmen. Vereinzelt angelegte Gräber, meist Grabkammern (*cubicula*) sind mit sehr einfachen Malereien geschmückt.

Auch die Gräber der ersten Päpste, die in der Kalixtus-Katakombe begraben sind, machen davon keine Ausnahme.

← Katakombe des Hl. Kalixtus, Gängen mit Nischengräbern (*loculi*).

← Katakombe der Domitilla, *cubiculum* gen. «des Guten Hirten».

DIE KATAKOMBE DER DOMITILLA

→ Die Domitilla-Katakombe ist zusammen mit der des Hl. Kalixtus der größte unterirdische Friedhof Roms und befindet sich entlang der Via Ardeatina. Flavia Domitilla, die der Katacombe den Namen gab, hatte hier große Besitztümer. Sie war die Nichte des Kaisers Domitian, der im Jahre 95 n.Chr. ihren Ehemann umbringen ließ und sie selbst unter der Anklage von «Gottlosigkeit und jüdischer Praktiken» ins Exil schickte.

Die einzigen mit Sicherheit in der Domitilla-Katakombe begrabenen Märtyrer sind zwei Soldaten, Nereus und Achilleus, die wahrscheinlich während der gegen die christlichen Soldaten gerichteten Verfolgung unter Diokletian (295-298) getötet wurden.

Heute beginnt der Besucher seinen Rundgang von der großen unterirdischen Basilika, die Papst Damasus I. zu Ehren der zwei Märtyrer bauen ließ.

Hl. Kalixtus

Katakombe des Hl. Kalixtus, Rekonstruktion der Papstkrypta.

(→ Das große Netz von Galerien, welches sich für viele Kilometer erstreckt, verläuft entlang der Via Appia Antica. Von denen, die sich in dieser Gegend befinden, ist dieser Friedhof Rom am nächsten gelegen.

Der Friedhof des Hl. Kalixtus ist zweifellos die älteste christliche Katakombe Roms. Seit seinem Ursprung war er Eigentum der Kirche; Papst Zephyrinus (199-217) hatte seine Verwaltung Kalixtus, dem ersten seiner Diakone, übertragen, der ihm auch im Pontifikat nachfolgte und 222 während der Verfolgung unter Alexander Severus starb.

Die Kalixtus-Katakombe kann vor allem wegen der großen Zahl der in ihren Gängen und dem oberirdischen Bereich begrabenen Märtyrer und heiligen Bischöfe, die alle hohes Ansehen genossen, als Friedhof der ersten Christen Roms bezeichnet werden. Rund um diese heiligen Gräber entwickelte sich ein eindrucksvolles Netz von Gängen, weil man der Fürsprache ihrer Inhaber eine wesentliche Hilfe beim Eintritt ins Jenseits zuschrieb.

Alle diese Bestattungen *apud* (bei) oder *retro* (hinter) *sanctos* (den Heiligen) stehen am Ursprung der Herausbildung des nach Kalixtus benannten Komplexes, so wie wir ihn heute sehen und wie er sich im Laufe des 4. und 5. Jahrhunderts entwickelte.

Der wichtigste Kultort der Katakombe und geschichtsträchtigste Ort des christlichen Rom und der Universalkirche ist zweifellos die **Papstkrypta** mit der **Krypta der Hl. Caecilia.**

→ Am Ende einer langen Treppe liegt der Zugang zu einem großen *cubiculum*, das auf den ersten Blick namenlos erscheint, aber in Wirklichkeit der Ort für das erste Kollektivbegräbnis der Bischöfe Roms war. Der Raum hat die Form eines großen Rechtecksaales mit zwölf *loculi* an den Langseiten und vier Nischen, in denen Sarkophage standen.
Die Kurzseite gegenüber dem Eingang enthält nur ein Begräbnis, ein *loculus*, das in der Spätantike unter Verwendung von Marmor in ein aufwendigeres Grab verwandelt wurde. Das heutige Aussehen der Krypta geht auf Veränderungen zurück, die mit dem Kult der hier begrabenen Päpste zusammenhängen, sowie auf moderne Restaurierungen, welche versuchten, wenigstens teilweise das ursprüngliche Bild wiederherzustellen.Dem Eingang gegenüber befanden sich die Reste der Gründung des Altars und die Weihinschrift von Damasus I. für dieses Heiligtum.
Sie gehört zu den schönsten, die er in Stein schneiden ließ, und ist ein wahrer Hymnus auf die hier begrabenen Märtyrer. Unter ihnen ist zweifellos der Fall der Märtyrerin Caecilia am eigenartigsten, weil gesicherte Angaben fehlen. Doch ihr Kult entfaltete sich in einem großen Bereich, der mit der Papstkrypta in Verbindung stand.
Die *Cubicula* der Sakramente. Dabei handelt es sich um sechs kleine Grabkammern an der Wand eines einzigen Ganges, deren malerische Dekorationen zu den ältesten des gesamten christlichen Rom zählen. Die Bilder sind sehr einfach, haben aber eine starke Aussagekraft auch auf unwissende Gläubige und eine enge Beziehung zu der Hoffnung auf Errettung im Jenseits. Die Szenen stammen aus dem Alten und dem Neuen Testament.

Katakombe des Hl. Kalixtus, →
Totenbankett.